M&Aにおける

取得原価配分

PPAの実務

識別可能資産・負債の
評価と会計処理

EY Japan【編】

新日本有限責任監査法人
EYトランザクション・
アドバイザリー・サービス（株）

中央経済社

はじめに

　パーチェス・プライス・アロケーション（頭文字をとって「PPA」）とは M&A において取得原価（買収価額）を取得資産・引受負債に配分する手続のことで，2001年に米国財務会計基準審議会が公表した会計基準書第141号「企業結合」（以下，「SFAS141」という）において初めて使用されました。

　一方，日本においては2003年に企業結合に係る会計基準の設定に関する意見書にて，「取得」と「持分の結合」が明確に定義され，「取得」と判定された企業結合はパーチェス法に基づき処理することとなりました。パーチェス法では「取得原価配分（＝PPAの直訳に近い）」の手続として，会計上の取得企業（通常，買収企業）は取得価額（同買収価格）を取得時点の時価で資産，負債に配分することが求められました。

　米国では，その後 SFAS141が改訂され，パーチェス法は Acquisition 法に，「PPA」も「取得資産，引受負債，被取得会社の被支配持分の認識と測定」に変わったことから，米国基準や IFRS ではもはや取得原価配分（PPA）ではありませんが，実務では PPA という言葉が広く浸透しており，今では識別可能無形資産や資産，負債の評価作業を指す言葉として使用されています。

　このように，日頃 M&A 実務に係わられている企業のご担当者の方にとって馴染みのある PPA も，まだ M&A の経験がない企業担当者にとっては初めて遭遇する難解かつ手間のかかる作業でありながら，会計基準や適用指針には詳細な実務の説明がないことから，監査人や外部の会計系コンサルティング会社に頼らざるを得ない状況でした。

　一方で，M&A はもはや日本企業にとっても常に起こりうる経営活動の１つになっており，いざ M&A が発生した際には PPA を手際よく，すみやかに実

施することが必要になってきています。

　このような状況を踏まえ，今般 EY Japan は企業の実務担当者を間接的に支援することを目的として，PPA 実務を会計と価値評価の観点から体系的に解説した本書を発行することにいたしました。

　本書をお買い上げいただいた皆様方の実務上の手助けになれば私どもにとってこれほど喜ばしいことはありませんが，それでもなおご不明な点がございましたら，遠慮なく私どもにご連絡を賜ればと存じます。

　最後になりますが，本書の出版に長期にわたりご尽力をいただきました中央経済社の末永芳奈氏に深く感謝申し上げます。

　　　　　EY Japan
　　　　　　新日本有限責任監査法人
　　　　　　EY トランザクションアドバイザリーサービス株式会社

目　　次

はじめに

第1章　企業結合における資産評価・配分の必要性　　1

1　はじめに ……………………………………………………………… 1

 ⑴　昨今のM&Aの状況 …………………………………………………… 1

 ⑵　資産評価・配分の必要性 …………………………………………… 1

2　企業結合会計の概論 ……………………………………………… 3

 ⑴　「企業結合」の定義 ………………………………………………… 3

 ⑵　組織再編の形式および会計上の分類 …………………………… 4

 ⑶　企業結合会計基準における「取得」の考え方と会計処理 …… 6

3　タイムスケジュール ……………………………………………… 7

4　企業結合会計におけるPPAの取扱い ……………………… 9

 ⑴　PPAの考え方 ………………………………………………………… 9

 ⑵　識別可能資産および負債 ………………………………………… 10

 ⑶　企業結合日における時価 ………………………………………… 11

  ①　時価についての考え方 ………………………………………… 11

  ②　合理的に算定された価額の見積方法 ……………………… 12

 ⑷　退職給付に係る負債への取得原価の配分 …………………… 12

 ⑸　ヘッジ会計の取扱い ……………………………………………… 14

 ⑹　取得原価の配分額の算定における簡便的な取扱い ……… 14

 ⑺　取得原価の配分の暫定的な会計処理 ………………………… 15

  ①　取得原価の配分の期限と暫定的な会計処理 …………… 15

  ②　暫定的な会計処理の確定 …………………………………… 16

  ③　対象となる項目 ………………………………………………… 16

5	企業結合会計における無形資産の認識	17
(1)	無形資産の計上要件	17
(2)	研究開発費の取扱い	18
(3)	識別不能な資産の取扱い	18
6	企業結合に係る特定勘定への取得原価の配分	19
(1)	企業結合に係る特定勘定	19
(2)	企業結合における特定勘定の計上要件	21
①	「取得後に発生することが予測される特定の事象に対応した費用または損失」とは	21
②	「取得の対価の算定に反映されている場合」とは	22
7	のれんの会計処理	23
(1)	のれんの算定方法	23
(2)	のれんの償却方法および減損	23
(3)	負ののれんの処理	24
8	会計仕訳の設例	25
(1)	合併における取得原価の配分	25
(2)	連結会計における取得原価の配分	26
(3)	退職給付に係る負債への取得原価の配分	28
(4)	取得原価の配分の暫定処理と確定処理	30
(5)	企業結合に係る特定勘定への取得原価の配分	32
(6)	無形資産の減損処理	33

第2章　無形資産評価の実務　　35

1	無形資産評価の作業スケジュール	35
(1)	PPAの作業プロセス	35
(2)	無形資産評価の作業プロセス	37
①	初期準備作業	37

② 無形資産の識別作業·····38

③ 無形資産の価値算定·····38

④ 会計監査人によるレビュー·····38

(3) **ポストPPAとプレPPAとの比較**·····40

① プレPPAにおける無形資産の簡易評価·····41

② ベンチマーク分析·····41

2　PPAで識別される無形資産の種類·····42

(1) **無形資産の識別概要**·····42

3　無形資産の評価手法·····45

(1) **マーケット・アプローチ**·····46

(2) **インカム・アプローチ**·····47

① ロイヤリティ免除法·····47

② 多期間超過収益法·····48

③ 利益差分法·····48

(3) **コスト・アプローチ**·····48

4　マーケティング関連無形資産の評価方法·····49

(1) **マーケティング関連無形資産の概要**·····49

① 商標，商号，サービスマーク，団体マークおよび認証マーク·····50

② トレードドレス（独特な色彩，形またはパッケージ・デザイン）·····50

③ 新聞マストヘッド·····50

④ インターネットのドメイン名·····50

⑤ 非競合契約·····51

(2) **マーケティング関連無形資産の評価方法**·····51

① マーケット・アプローチ·····51

② インカム・アプローチ·····52

③ コスト・アプローチ·····53

(3) **マーケティング関連無形資産の評価プロセスとポイント**·····54

① 商　標·····54

② 非競合契約 ·· 62

5　顧客関連無形資産の評価方法 ·· 66

　(1)　**顧客関連無形資産の概要** ·· 66

　　① 顧客リスト ··· 66

　　② 注文または製品受注残高 ··· 66

　　③ 顧客契約および関連する顧客関係 ································ 66

　　④ 契約に基づかない顧客関係 ··· 67

　(2)　**顧客関連無形資産の評価方法** ··· 67

　　① マーケット・アプローチ ·· 67

　　② インカム・アプローチ ·· 68

　　③ コスト・アプローチ ··· 68

　(3)　**顧客関連無形資産の評価プロセスとポイント** ·········· 68

　　① 顧客契約 ·· 69

　　② 注文または製品受注残高 ··· 79

6　芸術関連無形資産の評価方法 ·· 83

　(1)　**芸術関連無形資産の種類** ·· 83

　(2)　**著作権** ··· 83

　　① 著作物の種類 ··· 84

　　② 著作者 ··· 85

　　③ 著作隣接権 ··· 86

　　④ 著作権の保護期間 ··· 88

　(3)　**芸術関連無形資産の評価方法** ··· 88

7　契約関連無形資産の評価方法 ·· 91

　(1)　**契約関連無形資産の概要** ·· 91

　(2)　**業務プロセス** ··· 92

　　① 契約関係の把握 ·· 92

　　② 評価対象となる契約関係の把握 ··································· 93

　(3)　**契約関連無形資産の評価方法** ··· 94

	①	マーケット・アプローチ	94
	②	インカム・アプローチ	94
	③	コスト・アプローチ	95

(4) 契約関連無形資産の評価プロセスとポイント 95
　① 評価実施 95

8　技術関連無形資産の評価方法 105
(1)　技術関連無形資産の概要 105
(2)　業務プロセス 105
　① 被取得企業の業態の把握 106
　② 保有技術の把握 106
　③ 評価対象となる技術等の把握 108
(3)　技術関連無形資産の評価方法 110
　① マーケット・アプローチ 111
　② インカム・アプローチ 111
　③ コスト・アプローチ 111
(4)　技術関連無形資産の評価プロセスとポイント 112
　① 評価実施 112

9　人的関連無形資産の評価方法 121
(1)　人的関連無形資産の概要 121
(2)　業務プロセス 121
(3)　人的関連無形資産の評価方法 122
(4)　人的関連無形資産の評価プロセスとポイント 122

10　無形資産評価実務上の論点 125
(1)　事業計画の検討 125
　① 事業計画（予測キャッシュ・フロー）と無形資産との関係 126
　② 市場参加者の観点に基づく事業計画の選定 126
　③ シナジー 127
　④ 事業計画の分析 128

(2) **割引率の検討** ··· 129

  ① WACC ··· 130

  ② IRR ··· 133

  ③ WARA ··· 135

  ④ 期待収益率 ··· 136

(3) **償却に係る節税効果の考慮** ··· 138

  ① 償却に係る節税効果の基本的な考え方 ····················· 138

  ② 実務上の取扱い ··· 139

  ③ 償却年数の決定 ··· 140

  ④ 償却に係る節税効果の計算例 ·································· 140

(4) **防御的無形資産 (Defensive Intangible Assets)** ················· 142

  ① 防御的無形資産の基本的な考え方 ··························· 142

  ② 防御的無形資産の評価事例 ······································· 143

(5) **再取得した権利 (Reacquired Rights)** ································· 144

  ① 再取得した権利の基本的な考え方 ··························· 144

  ② 再取得した権利の評価事例 ······································· 145

第3章 固定資産評価の実務   147

1 動産の評価技法・評価実務 ··· 147

(1) **動産の種類と評価手法** ··· 148

(2) **動産評価の作業プロセス** ··· 149

  ① 対象資産・評価スコープの決定 ······························· 149

  ② 動産評価に必要な資料 ··· 150

  ③ 現地調査・ヒアリング ··· 151

  ④ 価値算定作業, ドラフト算定結果の提示 ············· 151

  ⑤ 監査人レビュー ··· 152

(3) **動産の評価手法** ··· 152

|目　次 vii

　　① 価格の三面性 ··· 152

　　② 動産の評価手法 ··· 153

　(4) **評価事例** ·· 162

　　① 案件概要 ··· 162

　　② 評価手法の検討 ··· 163

　　③ 再調達原価の算定 ··· 163

　　④ 算定した時価と簿価との乖離 ··· 165

2 不動産の評価技法・評価実務 ·· 167

　(1) **PPA における不動産の評価手続** ··· 167

　　① 対象物件・評価スコープの決定 ··· 167

　　② 不動産評価に必要な資料 ··· 169

　　③ 現地実査・ヒアリング ··· 172

　　④ 価値算定作業，ドラフト算定結果の提示 ································· 172

　　⑤ 監査人レビュー ··· 173

　(2) **不動産の評価手法** ··· 173

　　① 不動産の評価手法 ··· 173

　　② 評価額の決定 ··· 181

第4章　クロスボーダー取引の実務　　183

1 割引率 ·· 183

　(1) **資本コストの推計：加重平均資本コスト（WACC）** ····················· 183

　(2) **為替リスク** ··· 184

　　① 為替レートにかかわる諸理論 ··· 184

　　② 為替レートにかかわる諸理論と WACC ··································· 185

　　③ 計算例 ··· 186

　(3) **自国・外国通貨建てキャッシュ・フローと
　　　自国・外国通貨建て割引率** ··· 187

①　外国通貨建てキャッシュ・フローの割引計算 ………………… 187

②　自国通貨建てキャッシュ・フローの割引計算 ………………… 187

(4)　国際株主資本コストの見積り ……………………………………… 189

①　対象国通貨建て株主資本コスト ……………………………… 189

②　自国通貨建て株主資本コストの調整：対称性リスク ……………… 189

③　Damodaranモデル ……………………………………………… 192

④　Country Risk Rating Model……………………………………… 193

(5)　国際負債コスト……………………………………………………… 194

①　対象国通貨建て負債コスト …………………………………… 194

②　自国の負債コスト調整 ………………………………………… 194

2　インフレーション……………………………………………………… 195

(1)　フィッシャー効果 ……………………………………………… 195

(2)　名目ベースのキャッシュ・フロー対名目割引率 ……………… 195

(3)　実質ベースのキャッシュ・フロー対実質割引率 ……………… 196

(4)　フィッシャー効果とWACCとの関係 ………………………… 196

(5)　名目ベースのキャッシュ・フロー対
実質ベースのキャッシュ・フロー ……………………………… 197

(6)　事業計画期間以降の期待インフレ率の取扱い ………………… 197

3　海外における償却に係る節税効果 ………………………………… 198

(1)　償却年数および実効税率の違いによるTABの影響度の変化………… 199

4　税効果会計 ……………………………………………………………… 200

(1)　繰延税金資産/負債の影響 …………………………………… 200

(2)　クロスボーダー案件における税率の選択 …………………… 201

第5章　その他の実務上の論点　202

1　ブランド・顧客関連資産 …………………………………………… 202

2　自社評価の場合の留意点 …………………………………………… 203

(1)	**各資産・負債ごとの評価方法**‥‥‥‥‥‥‥‥‥‥‥‥‥‥‥	203	
	① 有価証券‥‥‥‥‥‥‥‥‥‥‥‥‥‥‥‥‥‥‥‥‥‥‥	203	
	② 金銭債権・債務‥‥‥‥‥‥‥‥‥‥‥‥‥‥‥‥‥‥‥	203	
	③ 棚卸資産‥‥‥‥‥‥‥‥‥‥‥‥‥‥‥‥‥‥‥‥‥‥	204	
	④ 偶発債務‥‥‥‥‥‥‥‥‥‥‥‥‥‥‥‥‥‥‥‥‥‥	205	
	⑤ その他の引当金‥‥‥‥‥‥‥‥‥‥‥‥‥‥‥‥‥‥‥	205	
(2)	**自社で評価を行う場合の留意点**‥‥‥‥‥‥‥‥‥‥‥‥	205	

3 専門家による評価を依頼した場合‥‥‥‥‥‥‥‥‥‥‥‥‥ 206

(1) **識別される見込みの資産について**‥‥‥‥‥‥‥‥‥‥ 206

(2) **スケジュールについて**‥‥‥‥‥‥‥‥‥‥‥‥‥‥‥ 206

(3) **事業計画**‥‥‥‥‥‥‥‥‥‥‥‥‥‥‥‥‥‥‥‥‥ 206

(4) **耐用年数**‥‥‥‥‥‥‥‥‥‥‥‥‥‥‥‥‥‥‥‥‥ 207

(5) **ロイヤリティレートやマルチプル法における**
倍率などの評価手法ごとに設定される事項‥‥‥‥‥‥ 207

4 のれんの償却期間‥‥‥‥‥‥‥‥‥‥‥‥‥‥‥‥‥‥‥‥ 208

(1) **取得時に算定した将来計画における見積期間を使用する方法**‥‥‥ 208

(2) **取得時の将来計画により投資が回収される期間を使用する方法**‥‥ 208

(3) **被取得企業の事業を行うと合理的に見積る期間を使用する方法**‥‥ 209

(4) **取得にあたり永久価値を使用しているような場合**‥‥‥‥‥‥ 209

① ブランド力‥‥‥‥‥‥‥‥‥‥‥‥‥‥‥‥‥‥‥‥ 210

② 成長性‥‥‥‥‥‥‥‥‥‥‥‥‥‥‥‥‥‥‥‥‥‥ 210

③ 継続性‥‥‥‥‥‥‥‥‥‥‥‥‥‥‥‥‥‥‥‥‥‥ 210

(5) **その他企業が合理的と考える方法により**
効果の及ぶ期間を算定する‥‥‥‥‥‥‥‥‥‥‥‥‥ 210

5 税効果会計‥‥‥‥‥‥‥‥‥‥‥‥‥‥‥‥‥‥‥‥‥‥‥ 211

(1) **PPA時の税効果会計**‥‥‥‥‥‥‥‥‥‥‥‥‥‥‥ 211

(2) **税務上の繰越欠損金と将来加算一時差異**‥‥‥‥‥‥‥ 215

| 第6章 | 減損会計で留意すべき事項 | 217 |

1 PPAにより認識された資産および のれんの減損会計における取扱い··················217

2 減損会計の意義··················218

3 減損会計の流れ··················218

4 資産のグルーピング··················219

5 減損の兆候··················220

6 減損損失の認識の判定··················221

(1) 将来キャッシュ・フローの見積り··················221

(2) 将来キャッシュ・フローの見積期間··················221

(3) 将来キャッシュ・フローの見積範囲··················222

(4) 減損損失の認識の判定··················223

(5) 共用資産の取扱い··················224

7 減損損失の測定··················225

(1) 回収可能価額の計算方法··················225

(2) 正味売却価額··················225

(3) 使用価値··················226

(4) 割引率··················226

　① 割引率の決定方法··················226

　② 割引率の例示··················227

(5) 開　示··················227

　① 貸借対照表における表示··················227

　② 損益計算書の注記··················228

8 のれんの減損処理··················228

(1) のれんに特有の減損の兆候··················228

(2) のれんの分割··················229

(3) のれんに減損の兆候がある場合··················230

目　次　xi

　(4)　のれんに係る減損損失の配分 ･･････････････････････････････ 232
9　国際財務報告基準との対比 ･････････････････････････････････ 235
　①　減損の兆候の検討 ･･･････････････････････････････････････ 235
　②　減損損失の認識および測定プロセス ･････････････････････ 236
　③　減損損失の戻入れ ･･･････････････････････････････････････ 236
　④　のれんの取扱い ･･･ 237

第7章　事例分析　238

1　調査の対象 ･･ 238
2　無形資産の償却期間と計上科目の分析 ･･･････････････････ 239
　(1)　無形資産の償却期間分析 ･････････････････････････････ 239
　(2)　PPAにより認識された無形資産の種類と計上科目の事例 ･･････ 241
3　無形資産の計上額に関する分析 ･･･････････････････････････ 242
　(1)　取得価額に対する比率 ･･･････････････････････････････ 242
　(2)　総資産に対する比率 ･････････････････････････････････ 245
4　資産種類別の事例分析 ･･･････････････････････････････････ 246
　(1)　マーケティング関連の無形資産 ･･･････････････････････ 246
　(2)　顧客関連の無形資産 ･････････････････････････････････ 249
　(3)　契約関連の無形資産 ･････････････････････････････････ 251
　(4)　技術関連の無形資産 ･････････････････････････････････ 253

第1章

企業結合における
資産評価・配分の必要性

1　はじめに

(1)　昨今のM&Aの状況

　近年，日本企業において頻繁にM&Aが行われている。1990年代後半より急激に件数が増加し，リーマンショック後の落ち込みはあるもののその後は回復傾向にある（図表1－1参照）。M&Aは事業多角化，生産拠点，顧客・販売網，人的資源，技術・ノウハウの獲得等を通じて，企業が競争力を維持・強化し，企業価値を高めていく上で重要な経営手法である。このため，企業経営者にとって，この経営手法を理解し，活用することは必須のスキルとなりつつある。

(2)　資産評価・配分の必要性

　平成20年12月26日に公表された「企業結合に関する会計基準」において持分プーリング法が廃止され，「共同支配企業の形成」および「共通支配下の取引」以外の企業結合は「取得」とされ，パーチェス法により処理すること（企業結合会計基準17項）とされた。

　パーチェス法では，取得原価を被取得企業から取得した識別可能資産および引き受けた識別可能負債に企業結合日時点の時価で配分し，配分しきれない差

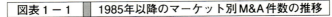

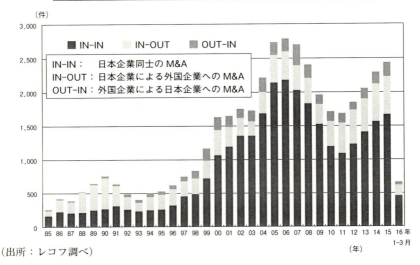

(出所：レコフ調べ)

　額を「のれん」または「負ののれん」として処理する。この手続を一般的にPPA（Purchase Price Allocation），日本語では取得原価の配分と呼び，企業結合日以降1年以内に完了することが求められている（企業結合会計基準28項）。

　M&Aにおいては取得した企業または事業を全体としていくらで評価するか，つまり支払対価の総額が決定される。これはあくまで対象となる企業または事業全体に対する価値評価であるため，その企業または事業に属する個々の資産および負債に対しても価値評価を行い，個々の取得原価を決定する手続が必要となる。この手続がPPAである。PPAによって，経営者がM&Aによって何をいくらで購入したかが貸借対照表上で明らかにされ，経営者の買収目的が明瞭に表現されることとなる。

　たとえばM&Aの主要な目的が商品ブランドの獲得であれば「商標権」，技術の獲得であれば「特許権」といった無形資産が認識される可能性が高いであろう。

第1章 企業結合における資産評価・配分の必要性 3

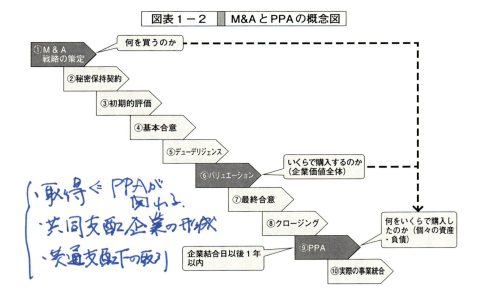

M&Aの手法にかかわらず、企業会計では企業結合を「取得」、「共同支配企業の形成」、「共通支配下の取引」の3タイプに分類し、会計処理を定めている。このうちPPAはパーチェス法として処理される「取得」に関する会計処理の一部である。

以下では、まず企業結合会計について簡潔に整理した後に、「取得」の処理の一部であるPPAの取扱いについて設例等を交えながら解説する。

2 企業結合会計の概論

(1) 「企業結合」の定義

「企業結合」とは、ある企業またはある企業を構成する事業と他の企業または他の企業を構成する事業とが1つの報告単位に統合されることである（企業結合会計基準5項）。

ここで，「企業」とは，会社および会社に準ずる事業体をいい，会社，組合その他これらに準ずる事業体を指す（企業結合会計基準4項）。また，「事業」とは，企業活動を行うために組織化され，有機的一体として機能する経営資源を指す（企業結合会計基準6項）。単なる資産の買収は企業結合には該当せず，企業結合会計基準の適用対象とはならない。たとえば，ある企業の一事業部（資産および負債を含む）の買収のように，有機的一体となって経済活動が行われる組織体の移転が適用対象となる。

(2)　組織再編の形式および会計上の分類

　組織再編の形式は「合併」，「会社分割」，「事業譲渡・譲受」，「現物出資」，「株式交換」，「株式移転」，「株式の取得」による支配の獲得などに分類できる（企業結合適用指針2項，34項）。これらはすべて企業結合会計基準の適用対象となる（企業結合会計基準66項）。この分類により，報告単位の統合が個別と連結のいずれの財務諸表で行われるかが決定される（図表1-3）。

| 図表1-3 | 組織再編の形式と報告単位の統合および適用される会計基準 |

組織再編の形式	報告単位の統合	主に適用される会計基準	
株式の取得	連結財務諸表	連結会計基準	（連結会計基準に定めのない事項）
株式交換			
株式移転			
合併	個別財務諸表	企業結合会計基準	
会社分割			
事業譲渡・譲受			
現物出資			

　なお，企業結合会計基準は企業結合に該当する取引すべてに適用されるため，「株式の取得」のうち，現金を対価とした子会社株式の取得についても連結会計基準に定めのない事項については，企業結合会計基準と企業結合適用指針の定めに従って連結上の会計処理および注記をする（企業結合適用指針31-2項）。

つまり，企業結合会計基準と連結会計基準は補完的な関係にあるため，企業結合の会計処理にあたっては，適宜，両基準を参照することが必要である。なお，複数の取引が1つの企業結合を構成している場合には，それらを一体として取り扱うことに留意する（企業結合会計基準5項）。

企業結合会計基準では組織再編の形式ではなく，「取得」，「共同支配企業の形成」，「共通支配下の取引」の3つの会計上の分類（企業結合適用指針2項）ごとに会計処理が定められている（図表1－4）。

図表1－4　企業結合会計基準における組織再編の分類

	取得	共同支配企業の形成	共通支配下の取引
定義	ある企業が他の企業または企業を構成する事業に対する支配を獲得すること	複数の独立した企業が契約等に基づき，共同で支配する企業を形成する企業結合	結合当事企業（または事業）のすべてが，企業結合の前後で同一の株主により最終的に支配され，かつ，その支配が一時的ではない場合の企業結合
一般例 ex.	グループ外の会社とのM&A	ジョイント・ベンチャーの設立	グループ内での再編
受入資産および負債の測定	識別可能な資産・負債を企業結合日の時価を基礎として評価し，取得原価との差額をのれんとする	原則として適正な帳簿価額	原則として適正な帳簿価額

この分類は主に「支配」を概念としており，イメージとしては，ある企業が単独で「支配を獲得」した場合には「取得」，複数の企業が共同で「支配を獲得」した場合には「共同支配企業の形成」，グループ内での再編のように「継続して支配」されている場合には「共通支配下の取引」が適用される。ここで，「支配」とは，「ある企業又は企業を構成する事業の活動から便益を享受するために，その企業又は事業の財務および経営方針を左右する能力を有していることをいう」とされている（企業結合会計基準7項）。

企業結合適用指針では，「取得」，「共同支配企業の形成」，「共通支配下の取

引」の分類ごとに，代表的な組織再編の形式について，それぞれの会計処理が
示されており（企業結合適用指針2項），まとめると図表1−5のようになる。

| 図表1−5 | 企業結合適用指針における組織再編の形式と企業結合の分類 |

組織再編の形式＼会計上の分類	取得	共同支配企業の形成	共通支配下の取引		
			親子間	子会社間	子会社と孫会社
株式の取得	○				
株式交換	○		○		
株式移転	○		○		
合併	○	○	○	○	○
会社分割	○	○	○	○	
事業譲渡・譲受	○		○		
現物出資	○				

（注）　あくまでも基準が示している組織再編の形式と会計処理の対応表であり，○がない箇
　　　所については，他の処理から類推して適用することになる。

⑶　企業結合会計基準における「取得」の考え方と会計処理

　企業結合会計基準では，前述のように会計上の分類ごとに適用すべき会計処
理を規定しているが，PPAに関連するのは「取得」のみである。

　企業結合会計基準では「取得」とは，「ある企業が他の企業又は企業を構成
する事業に対する支配を獲得すること」とされており（企業結合会計基準9
項），「共同支配企業の形成」および「共通支配下の取引」以外の企業結合と定
義されている（企業結合会計基準17項）。

　「取得」に該当する場合，被結合企業の資産および負債を時価で受け入れ，
対価として交付する現金および株式等の時価との差額をのれんとするパーチェ
ス法で会計処理する。具体的には，①取得企業の決定，②取得原価の算定，③
取得原価の配分（PPA），④のれん，負ののれんの会計処理を行う（企業結合
会計基準18項〜33項）。

第1章　企業結合における資産評価・配分の必要性　7

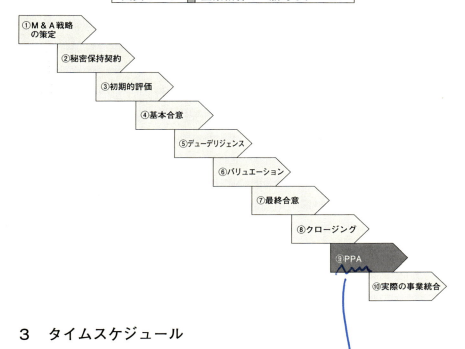

図表1－6　企業結合の一般的なプロセス

① M&A戦略の策定
② 秘密保持契約
③ 初期的評価
④ 基本合意
⑤ デューデリジェンス
⑥ バリュエーション
⑦ 最終合意
⑧ クロージング
⑨ PPA
⑩ 実際の事業統合

3　タイムスケジュール

　ここでいったん，M&AとPPAの関係を俯瞰するために，一般的なM&Aのタイムスケジュールを解説する。

　M&Aは競争力の強化，業務の効率化といった企業の戦略をもとに，さまざまなプロセスを経て実施されるもので，一般的には図表1－6のようなプロセスを経て実行される。プロセスの多くは専門的知識が必要となるものであり，外部のコンサルタントなどを利用することが多い。このうち，PPAはクロージング後，企業結合日の属する事業年度に行われる。

　M&Aに際し，取得企業は①M&A戦略の策定で企業結合を行う目的等を明確にし，その目的に合致する対象企業を選定する。対象企業の選定後，取得企業と対象企業で②秘密保持契約を結び，対象企業が提供する情報を基にM&Aを実行するかどうかを判断するための③初期的評価を行う。この評価により，

M&Aを実行することが決定すれば，企業結合の基本条件を両社で④基本合意し，支払対価の決定などの⑤デューデリジェンスや⑥バリュエーションに移る。

　調査が完了後，支払対価などの諸条件を両社で⑦最終合意し，この合意に基づき⑧クロージングとして対価の引渡し等が行われる。さらに，当該企業結合取引を会計取引として記録するために⑨PPAが行われ支払対価総額が個々の資産および負債に配分される。その後，⑩実際の事業統合として各実務レベルでの統合が行われる。なお，ここに挙げたプロセスは例示であり，案件によってはプロセスが並行で実施されたり，前後したりする場合もある。

　各プロセスに要する時間はその案件ごとに異なり，M&A全体としては短いものであれば1，2か月，長いものだと2，3年かかるものもある。ただし，PPAについては，企業結合日以降1年以内に完了することが求められている（企業結合会計基準28項）。なお，企業結合日以降の決算においてPPAが完了していない場合には，その時点で入手可能な合理的な情報等に基づき暫定的なPPAの処理を行う必要がある（企業結合会計基準28項（注6））。

　実務上のスケジュールのイメージは，たとえば3月に秘密保持契約を結んだケースを想定すると，初期的な評価等に3か月程度要し，基本合意が6月に実施される。基本合意後，調査範囲の決定，報酬交渉などで約1か月，デューデリジェンスやバリュエーションに4か月程度の期間を要して，11月に最終合意する。仮に，取引目的の評価業務[1]とPPA目的の評価業務[2]を担当する専門家が同一であり両作業が並行して行われる場合でも，最終合意後のPPA，特に無形資産の識別・評価に時間を要することもあり，PPAの完了は翌3月までかかることも想定される。

　企業はPPA目的の評価業務の報告書に基づきPPAを行うこととなるが，評価対象とする資産・負債が多ければ多いほど費用と時間を要し，特に無形資

---

[1] 企業がM&Aや事業再編等の取引を行うにあたって，意思決定の参考とするために，対象会社や対象事業の価値を評価する業務。

[2] 企業結合の会計取引を財務諸表に適正に反映させるために，企業結合に伴って取得・移転される個々の資産や負債を時価評価し，さらにまた，買収対価とこれらの評価額との残余であるのれんまたは負ののれんを算定する業務。

第1章　企業結合における資産評価・配分の必要性　9

産の識別と評価には多くの時間が費やされる。

　取得原価の配分額は，原則として受け入れた資産および引き受けた負債の企業結合日における時価を基礎として算定するが，実務の負担を考慮して簡便法[3]も認められており，前述のように PPA は企業結合日から1年以内に完了するという時間的な制約もあることから，識別可能資産および負債のうち，どれを時価評価の対象とするかを決定することは非常に重要である。

　さらに，取得企業が監査法人や公認会計士の監査を受けている場合，当該 PPA の結果は，貸借対照表価額の適切性や評価対象資産の耐用年数の妥当性などの観点から，取得企業における会計監査の対象となる。

　PPA の評価結果は見積りの要素を多く含むため，それを検証する監査手続には比較的多くの時間が必要となることが想定される。したがって，決算を含めた企業結合全体のタイムスケジュールを検討する際には，事前に監査人と協議し，監査手続に要する時間を踏まえた上でスケジュールを組むことが必要である。

4　企業結合会計におけるPPAの取扱い

(1)　PPAの考え方

　取得した企業または事業の取得原価は，原則として，取得の対価となる財の企業結合日における時価で算定される（企業結合会計基準23項）。

　この算定された取得原価を，被取得企業から取得した資産および引き受けた負債のうち識別可能なもの（識別可能資産および負債）にそれらの時価を基礎として配分し，残余をのれんまたは負ののれんとして計上する（企業結合会計基準28項，98項）。これが企業結合における PPA である。

　「識別可能」なものを企業結合日における「時価」で受け入れることがポイントとなる。

3　本章4(6)に示す被取得企業の適正な帳簿価額を基礎として取得原価の配分額を算定できる方法。

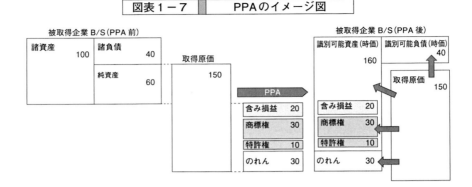

　図表1-8のように，支払対価総額が資産および負債の純額を上回る場合にはのれんとされ（左図），下回る場合には負ののれんとされる（右図）。なお，負ののれんが発生した場合には，再度，識別可能資産および負債の把握を含む取得原価の配分プロセスを見直す必要がある（企業結合会計基準33項）。

| 図表1-8 | のれん・負ののれんの計上 |

【のれん計上の場合】

識別可能資産（時価）	識別可能負債（時価）
	取得原価（支払対価）
のれん（差額）	

【負ののれん計上の場合】

識別可能資産（時価）	識別可能負債（時価）
	取得原価（支払対価）
	負ののれん（差額）

(2) **識別可能資産および負債**

　PPAにおいて識別可能資産および負債を特定するのは重要なプロセスである。被取得企業の貸借対照表を一般に公正妥当と認められる企業会計の基準の範囲内で，買収実態に合わせる手続となるためである。

　識別可能資産および負債とは，被取得企業から受け入れた資産および引き受

けた負債のうち企業結合日時点において識別可能なものをいうが，被取得企業の取得日前の貸借対照表に計上されていたかどうかにかかわらず，原則として，企業が対価を支払って取得した場合に，我が国において一般に公正妥当と認められる企業会計の基準の下で認識されるものであれば対象となる（企業結合会計基準99項）。しかし無形資産の認識および企業結合に係る特定勘定の2つの例外が設けられており，それぞれ，後述する「5　企業結合会計における無形資産の認識」，「6　企業結合会計に係る特定勘定への取得原価の配分」にて解説する。

(3) 企業結合日における時価

① 時価についての考え方

　企業結合日における時価は，次のどちらかに基づき算定される（企業結合会計基準102項，103項，企業結合適用指針53項）。

　　i　観察可能な市場価格に基づく価額
　　ii　iがない場合には，合理的に算定された価額

　対象資産および負債に関して観察可能な市場価格がある場合には，その市場価格が通常，最も客観的な評価額であるため，企業結合日時点の時価となる（企業結合会計基準102項）。たとえば，上場株式，社債などの市場性のある有価証券では，企業結合日時点の市場価格が時価となる。

　しかし，実務では観察可能な市場価格がない場合が多く，その場合には時価を合理的に算定する必要がある。この場合，市場参加者が利用するであろう情報や前提などが入手可能である限り，それらに基礎を置くこととし，そのような情報等が入手できない場合には，見積りを行う企業が利用可能な独自の情報や前提などに基礎を置くものとされている（企業結合会計基準103項）。その他，金融商品，退職給付に係る負債など個々の識別可能資産および負債については，一般に公正妥当と認められる企業会計の基準において示されている時価等の算定方法が利用される（企業結合適用指針53項）。

　企業価値評価ガイドラインによる識別可能資産・負債の分類，および例示は

| 図表1－9 | 評価対象資産・負債の分類 |

評価対象資産・負債の分類	例　示
現金及び現金等価物	現金，当座預金
営業上・営業外の債権・債務	売掛金，買掛金
観察可能な市場価格のある資産・負債	上場株式
市場参加者が利用する情報や前提等が入手可能な資産・負債	市街地の土地，ゴルフ会員権
利用可能な独自の情報や前提等をもとに見積られる資産・負債	大規模工場用地，近郊が開発されていない郊外地，非上場株式，無形固定資産
簡便法（後述(6)）適用による帳簿価額による評価対象資産・負債	―

（参考：企業価値評価ガイドライン）

図表1－9のとおりである。

② 合理的に算定された価額の見積方法

　合理的に算定された価額の見積方法には，一般に，(i)コスト・アプローチ，(ii)マーケット・アプローチ，(iii)インカム・アプローチなどが考えられ，資産の特性等により，これらの評価手法を併用または選択して算定する（企業結合適用指針53項）。実務では，併用した評価手法で算定された価格レンジの重複部分の中央値を用いることもある。

　なお，評価手法の詳細については，第2章以降で詳しく解説する。

(4)　退職給付に係る負債への取得原価の配分

　退職給付に係る負債への配分額は一般に公正妥当と認められる企業会計の基準において示されている時価等の算定方法が利用される。具体的には，確定給付制度による退職給付に係る負債は，企業結合日において，受け入れた制度ごとに「退職給付に関する会計基準」に基づいて算定した退職給付債務および年金資産の正味の価額を基礎として取得原価を配分する。したがって，被取得企業における未認識項目は取得企業に引き継がれず，数理計算上の差異や過去勤

第1章　企業結合における資産評価・配分の必要性　13

図表1－10　評価手法		
評価手法	内　容	評価法
(i)コスト・アプローチ	同等の資産を受け入れるのに要するコストをもって評価する方法	原価法
(ii)マーケット・アプローチ	同等の資産が市場で実際に取引される価格をもって評価する方法	取引事例比較法
(iii)インカム・アプローチ	同等の資産を利用して将来において獲得されると期待される収益をもって評価する方法	収益還元法 割引将来キャッシュ・フロー法

務費用の未認識項目が即時認識されることに注意が必要である（企業結合適用指針67項）。

　退職給付債務については，原則として，企業結合日において受け入れる従業員等の分について，企業結合日の計算基礎により数理計算をする。しかし，退職給付の算定は実務上かなりの手数を要するため，企業結合日前の一定日における被取得企業が計算した退職給付債務を基礎に，取得企業が適切に調整して算定した額を用いることも認められている（企業結合適用指針67項）。つまり，退職給付適用指針6項で示される次の方法（いわゆる転がし計算）により計算した退職給付債務を利用することも考えられる。

> ● 貸借対照表日前の一定日をデータ等の基準日として退職給付債務等を算定し，データ等の基準日から貸借対照表日までの期間の勤務費用等を適切に調整して貸借対照表日現在の退職給付債務等を算定する方法
> ● データ等の基準日を貸借対照表日前の一定日とするが，当該一定日から貸借対照表日までの期間の退職者等の異動データを用いてデータ等を補正し，貸借対照表日における退職給付債務等を算定する方法

　なお，被取得企業の退職給付制度について，制度の改訂が予定されている場合であっても，退職給付債務に関する測定は，企業結合日における適切な諸条件に基づいて行う。したがって，企業結合後に退職給付制度の変更が予定され

ている場合であっても，企業結合日の退職給付に係る債務を算定する上で，その変更は考慮しない。

また，企業結合により，被取得企業の従業員に関する退職一時金や早期割増退職金の支払予定額が取得の対価の算定に反映されているときなど，本章6(2)に示される要件のすべてを満たしている場合には，「企業結合に係る特定勘定」として取得原価の配分の対象となる（企業結合適用指針67項）。

(5) ヘッジ会計の取扱い

被取得企業においてヘッジ会計が適用されていたデリバティブ取引（繰延ヘッジが適用）があり，被取得企業の貸借対照表の純資産の部に繰延ヘッジ損益が計上されていることがある。この場合，取得とされた企業結合においては，被取得企業において計上されていた繰延ヘッジ損益を引き継ぐことができず，金融商品会計基準に従って算定した時価を基礎とし取得原価を配分することになる（企業結合適用指針68項）。

しかし，受け入れた資産または引き受けた負債はヘッジ会計の要件を満たすものであることから，取得企業においてヘッジ会計を適用することは可能である。この場合，取得企業は企業結合日に新たにヘッジ指定を行うことによりヘッジ会計を行うことになる。なお，キャッシュ・フローを固定するヘッジ取引を行う場合には，この時点で発生しているヘッジ手段への取得原価の配分額を，ヘッジ対象が損益として実現する期間の損益として処理することになるため，前受利息等に振り替えることになる。

(6) 取得原価の配分額の算定における簡便的な取扱い

取得原価の配分額は，受け入れた資産および引き受けた負債の企業結合日における時価を基礎として算定することが原則であるが，すべての資産および負債を時価評価することは時間的にも費用的にも多大な負担となる。このような実務的な負担を考慮して，次の2要件を満たす場合には被取得企業の適正な帳簿価額を基礎として取得原価の配分額を算定することが認められている（企業

第1章　企業結合における資産評価・配分の必要性　15

結合適用指針54項，363項）。

(i)　被取得企業が企業結合日の前日において，一般に公正妥当と認められる企業会計の基準に従って資産および負債の適正な帳簿価額を算定している。

(ii)　帳簿価額と企業結合日の当該資産または負債の時価との差異が重要でないと見込まれる。

たとえば，被取得企業が比較的最近に取得した土地で路線価等に大きな変動がない場合は，帳簿価額と時価に重要な差異はないことが想定されるため，あえて時価評価する必要はないと考えられる。また，被取得企業が持つ特定の無形資産の受入れを目的とした企業結合（詳細は本章5(1)参照）ではなく，M&Aの最終合意前に行われる初期的評価やバリュエーションの過程で帳簿外の資産や負債の存在が識別されなかった場合においては，新たに識別可能な資産および負債はないことが想定されるため，被取得企業の適正な帳簿価額を基礎として取得原価の配分額を算定することが考えられる。

(7)　取得原価の配分の暫定的な会計処理

①　取得原価の配分の期限と暫定的な会計処理

識別可能資産および負債を特定し，それらに対して取得原価を配分する手続は，本来，企業結合日以後の決算前に完了すべきである。しかし，たとえば，企業結合日から取得企業の決算日までの期間が短いなど，困難な状況も考えられる。そのため実務面での制約等を考慮し，取得原価を配分する手続は企業結合日以後1年以内に完了するものとし，猶予が与えられている（企業結合会計基準104項）。

ただし，企業結合日以後の決算において，配分が完了していなかった場合は，その時点で入手可能な合理的な情報等に基づき暫定的な会計処理を行う必要がある。そして，その後追加的に入手した情報等に基づき配分額を確定させる（企業結合会計基準28項（注6））。

暫定的な会計処理は，「合理的な情報等に基づき暫定的な会計処理を行う」とあるように，決算時点で合理的な情報が入手できない場合は，暫定的な会計

処理を行うことはできない。たとえば，新規に識別される無形資産のように，取得原価の配分が完了しない段階では合理的な情報等が入手できないものは，実務上，期末時点での当該資産への取得原価の配分額はゼロとすることも考えられる。

② 暫定的な会計処理の確定

暫定的な会計処理の確定により取得原価の配分額を見直した場合には，企業結合日におけるのれん（または負ののれん）の額も取得原価が再配分されたものとして会計処理を行う。のれん（または負ののれん）の修正として会計処理が行われるのは，企業結合日の識別可能資産または負債の配分額が修正されることにより，差額概念であるのれん（または負ののれん）が変動するためである。

なお，暫定的な会計処理の確定が，企業結合年度ではなく企業結合年度の翌年度において行われた場合には，企業結合年度に当該確定が行われたかのように，遡及的な会計処理を行う。この場合，有価証券報告書など2期比較の財務諸表が表示されるときには，比較情報の有用性を高める観点から，前期（当該企業結合年度）の財務諸表に暫定的な会計処理の確定による取得原価の配分額の見直しを反映させる（企業結合適用指針70項）。

③ 対象となる項目

暫定的な会計処理は，決算までにPPAを終了させることが実務上困難であるという理由がある場合に，実務上の配慮から認められている。そのため，暫定的な会計処理の対象となる項目は，繰延税金資産および繰延税金負債のほか，土地，無形資産，偶発債務に係る引当金など，実務上，取得原価の配分額の算定が困難な項目に限られる。ただし，企業結合日以後最初に到来する取得企業の決算日までの期間が短いために，被取得企業から受け入れた識別可能資産および負債への取得原価の配分額が確定しない場合（被取得企業の適正な帳簿価額の算定が企業結合日以後最初に到来する取得企業の決算には間に合わない場

合等）も想定されるので，このような場合には，被取得企業から受け入れた資産および引き受けた負債のすべてを暫定的な会計処理の対象とすることができる（企業結合適用指針69項）。

実務上，暫定的な会計処理の対象となる項目は，企業結合日以後最初に到来する取得企業の決算日までの期間が短いために，被取得企業から受け入れた識別可能資産および負債への取得原価の配分額が確定しない場合や新規に無形資産が識別された場合が多い。

5　企業結合会計における無形資産の認識

(1)　無形資産の計上要件

取得による企業結合に際して受け入れた資産に，「分離して譲渡可能な無形資産」が含まれる場合には，当該無形資産は識別可能資産とされ，企業結合日の時価で計上される。

「分離して譲渡可能な無形資産」とは，受け入れた資産を譲渡する意思が取得企業にあるか否かにかかわらず，企業または事業と独立して「売買可能」なもので，さらに「売買可能」とされるためには，当該無形資産の独立した価格を合理的に算定できなければならない（企業結合適用指針59項）。

企業結合会計基準では「分離して譲渡可能な無形資産」として，法律上の権利のほか，ソフトウェアなどが例示されている（図表1－11）。

図表1－11 「分離して譲渡可能な無形資産」の例

法律上の権利（企業結合適用指針58項）	産業財産権（特許権，実用新案権，商標権，意匠権），著作権，半導体集積回路配置，商号，営業上の機密事項，植物の新品種　等
実態判断により判定（企業結合適用指針367項）	ソフトウェア，顧客リスト，特許で保護されていない技術，データベース，研究開発活動の途中段階の成果（最終段階にあるものに限らない。）等

また，企業結合の目的の1つが特定の無形資産の受入れにあり，その無形資

産の金額が重要になると見込まれる場合には，当該無形資産は分離して取り扱うとされている（企業結合適用指針59-2項）。これは，たとえば特定の研究開発の成果の獲得などを目的として企業結合が行われる場合には，取得企業は被取得企業の当該研究開発の成果を外部の専門家を関与させるなどして評価額に関する検討を行い，その結果をもとに企業結合の意思決定を行っていると考えられるためである。

(2) 研究開発費の取扱い

企業結合によっては，被取得企業で行われていた研究開発活動の成果（途中段階のものを含む）を取得することがある。

被取得企業では，「研究開発費等に係る会計基準」によって，研究開発費は発生時に費用処理することが要求されているため，当該研究開発に係る費用は費用処理されており，被取得企業の貸借対照表には資産計上されていない。

しかし，「研究開発費等に係る会計基準」は企業結合により被取得企業から受け入れた資産（受注制作，市場販売目的および自社利用のソフトウェアを除く）には適用されないとされており（「研究開発費等に係る会計基準」の一部改正2項），企業結合会計においては研究開発活動のうち「分離して譲渡可能な無形資産」の要件を満たすものは，その企業結合日における時価に基づいて資産として計上される（企業結合適用指針59項，367項）。資産計上される研究開発活動の範囲は，「分離して譲渡可能な無形資産」の要件を満たす限り，研究開発が最終段階にあるものに限らない。

なお，研究開発の途中段階の成果を資産として識別した場合には，当該資産は企業のその後の使用実態に基づき，研究開発が完成した時点から有効期間にわたって償却される（企業結合適用指針367-3項）。

(3) 識別不能な資産の取扱い

被取得企業の法律上の権利等による裏付けのない超過収益力や被取得企業の事業に存在する労働力の相乗効果（リーダーシップやチームワーク）等は，分

離して譲渡することができない。したがって，このようなものは識別不能な資産としてのれん（または負ののれんの減少）に含まれることになる（企業結合適用指針368項）。

図表1－12　無形資産とのれん

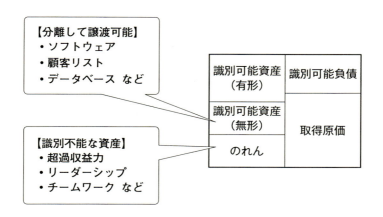

6　企業結合に係る特定勘定への取得原価の配分

(1)　企業結合に係る特定勘定

引当金として計上するほどの蓋然性はないものの，その発生の可能性が取得の対価の算定に反映されている将来事象の費用または損失は「企業結合における特定勘定」として，原則，固定負債に計上される（企業結合会計基準30項）。M&Aの条件交渉の過程で，被取得企業に関連して発生する費用または損失を取得の対価に反映させる場合がある。これらは現在の義務ではないとしても，対価に見合う支出見込額であり，負債に計上するほうが取得企業の投資原価の回収計算を適切に行うことが可能となることから，企業結合会計基準では負債の計上を要求している（企業結合適用指針372項）。

たとえば，当初の取得の対価が1,000である企業結合で，企業結合後のリストラに伴う割増退職金300の支払いが見込まれており，それを取得の対価に反

映させた結果，反映後の取得の対価が700となったケースを考える（後述する(2)の要件は満たしているものとする）。

　この場合，被取得企業の所有者は本来受け取れる対価が1,000から700へと300減額されており，割増退職金300分を負担している。対して，取得企業は300を企業結合に係る特定勘定として認識することで，割増退職金300を支払う際には当該勘定を取り崩し，損益への影響を受けない。つまり，取得企業は企業結合時に割増退職金を負債計上することで，実質的に当該費用の追加負担を負うことはない（図表1－13）。

企業結合時

図表1－13　企業結合に係る特定勘定の考え方

【将来の費用等
対価への反映前】
（千円）

識別可能資産（時価）	識別可能負債（時価）
	取得原価（取得の対価）1,000
のれん	

【将来の費用等
対価への反映後】
（千円）

識別可能資産（時価）	識別可能負債（時価）
	企業結合に係る特定勘定 300
のれん	取得原価（取得の対価）700（※1）

（※1）　割増退職金を被取得企業の所有者が負担する場合，取得の対価からその支払見込額を減額し，負担を反映させる。
　　　　本来的な取得の対価1,000－割増退職金の支払見込み300＝700

割増退職金支払時

| （借）　企業結合に係る特定勘定 | (※2)300 | （貸）　現　　金 | 300 |

（※2）　割増退職金の支払時には，企業結合に係る特定勘定が取り崩されるため，取得企業の損益への影響はなく，取得企業への負担は生じない。

　なお，企業結合に係る特定勘定として負債計上する費用または損失としては，たとえば，次が考えられる（企業結合適用指針373項）。

- 人員の配置転換や再教育費用
- 割増（一時）退職金
- 訴訟案件等に係る偶発債務
- 工場用地の公害対策や環境整備費用
- 資産の処分に係る費用（処分費用を当該資産の評価額に反映させた場合で，その処分費用が処分予定の資産の評価額を超過した場合には，その超過額を含む）

(2)　企業結合における特定勘定の計上要件

　企業結合に係る特定勘定を計上することで，企業結合後に発生する費用が減額するが，これは恣意的な利益操作に用いられる恐れがあるため，次の2つの事項を満たした場合にのみ計上が可能である（企業結合適用指針373項）。

- ①　取得後に発生することが予測される特定の事象に対応した費用または損失であること（企業結合適用指針63項）
- ②　取得の対価の算定に反映されている場合であること（企業結合適用指針64項）

①　「取得後に発生することが予測される特定の事象に対応した費用または損失」とは

　「取得後に発生することが予測される特定の事象に対応した費用または損失」とは，企業結合日において一般に公正妥当と認められる企業会計の基準（ただし，当該企業結合に係る特定勘定に適用される基準を除く）のもとで認識される識別可能負債に該当しないもののうち，企業結合日後に発生することが予測され，被取得企業に係る「特定の事象に対応した費用または損失（ただし，識

別可能資産への取得原価の配分額に反映されていないものに限る）」をいう（企業結合適用指針63項）。つまり，具体的な事象が特定されていない将来の営業損失については当該負債の認識の対象とはならず，また，特定の事象に対応した費用または損失が識別可能資産への取得原価の配分額に反映されている場合には，資産の評価額がすでに減額されているため該当しない。

さらに，「被取得企業に係る費用または損失」とあるように，パーチェス法は取得企業の観点から会計処理を行うものであることから，取得の対価の算定に織り込まれる事象は，被取得企業に関連した費用または損失のみである。よって，取得企業に係る将来の費用または損失は当該負債の対象とはならない（企業結合適用指針374項）。すなわち，前述のリストラに伴う割増退職金の例であっても，被取得企業に係るもののみ企業結合に係る特定勘定として計上でき，取得企業において実施されるリストラに伴う割増退職金は，たとえ発生することが予測されていても，企業結合に係る特定勘定として計上することはできない点に注意が必要である。

② 「取得の対価の算定に反映されている場合」とは

「取得の対価の算定に反映されている場合」とは，以下の3つの要件のうちいずれかを満たす場合である（企業結合適用指針64項）。

- 当該事象およびその金額が契約条項等（結合当事企業の合意文書）で明確にされていること
- 当該事象が契約条項等で明確にされ，当該事象に係る金額が取得の対価（株式の交換比率など）の算定にあたり重視された資料4に含まれ，当該事象が反映されたことにより，取得の対価が減額されていることが取得企業の取締役会議事録等により確認できること
- 当該事象が取得の対価の算定にあたって考慮されていたことが企業結合日現在の事業計画等により明らかであり，かつ当該事象に係る金額が合理的に算定されること（ただし，この場合には，のれんが発生しない範囲で評価した額に限る）

第1章　企業結合における資産評価・配分の必要性　23

　なお，最後の要件は，企業結合適用指針が平成20年に改正され，負ののれんが生じた場合に一時の利益とされたことにより追加された。すなわち，負ののれんが計上される可能性をなるべく低くする趣旨で，負ののれんの額の範囲内で「企業結合に係る特定勘定」の計上要件を一部緩和したものである。

　実務上はM&A条件の交渉の過程で当該事象に係る金額が対価の算定に反映されていたことが契約条項から明らかな場合は少ないとは考えられるが，上記の要件のいずれかを満たしている場合には，「取得の対価の算定に反映されている」ということができる。

7　のれんの会計処理

(1)　のれんの算定方法

　取得企業は，被取得企業から受け入れた資産および引き受けた負債の時価を基礎として，それらに対して取得原価を配分することとなるが，前述のとおり，企業等を取得する際の取得原価としての支払対価総額と，被取得企業から受け入れた資産および引き受けた負債に配分された純額との間に生じる差がのれんまたは負ののれんである（企業結合会計基準98項）。すなわち，のれんまたは負ののれんはそれ自体を直接的に算定することはできず，各識別可能資産および負債に取得原価の配分が実施された結果として，差額として算定されるものである。

(2)　のれんの償却方法および減損

　のれんは，金額に重要性が乏しい場合を除き，資産に計上し，20年以内のその効果の及ぶ期間にわたって，定額法その他の合理的な方法により規則的に償却する（企業結合会計基準32項）。

　のれんの会計処理方法としては，前述のその効果の及ぶ期間にわたり「規則

4　取引目的の評価業務の報告書など。

的な償却を行う」方法と，「規則的な償却を行わず，のれんの価値が損なわれた時に減損処理を行う」方法がある。企業結合会計基準では，①企業結合の成果である収益と，その対価の一部を構成するのれんの償却という費用の計上により費用収益の対応が可能になること，②のれんを投資原価の一部であることに鑑みると，のれんを規則的に償却する方法は，投資原価を超えて回収された超過額を企業にとっての利益とみる考え方とも首尾一貫していること，③のれんのうち減価しない部分の存在も考えられるが，その部分だけを合理的に分離することは困難であり，分離不能部分を含め「規則的な償却を行う」方法には一定の合理性があると考えられること等の理由から「規則的な償却を行う」方法を採用している（企業結合会計基準105項）。

また，のれんは減損会計基準の適用対象資産となることから，規則的な償却を行う場合においても，減損会計基準に従った減損処理が行われることになる（企業結合会計基準108項）。なお，詳細については「第6章　減損会計で留意すべき事項」で解説する。

(3) 負ののれんの処理

負ののれんの発生原因は，認識不能な項目やバーゲン・パーチェス（廉価取得）であると位置付けられ，現実には異常かつ発生の可能性が低いことから，正ののれんとは異なり，原則として特別利益として処理される（企業結合会計基準48項，110項）。

しかし，バーゲン・パーチェスが行われた明確な証拠がない場合もあり，識別可能資産および負債の測定に際して偏向や誤謬が生じることで，本来は認識すべきでない利益が計上される恐れもある。そこで，負ののれんが生じると見込まれる場合には，すべての識別可能資産および負債が適切に認識され，追加で認識すべき資産・負債がないかを確認することが必要となる。

具体的には次の処理を行う（企業結合会計基準33項）。

① 取得企業は，すべての識別可能資産および負債（企業結合に係る特定勘定を含む）が網羅的に把握されているか，また，それらに対する取得原価

第1章　企業結合における資産評価・配分の必要性　25

の配分が適切に行われているかどうかを見直す。

② 　①の見直しを行っても，なお取得原価が受け入れた資産および引き受け
　　た負債に配分された純額を下回り，負ののれんが生じる場合には，当該事
　　業年度の利益として処理する。

　ただし，負ののれんが生じると見込まれた時における取得原価が受け入れた
資産および引き受けた負債に配分された純額を下回る額に重要性が乏しい場合
には，実務上の配慮から①の処理を行わずに，当該下回る額を当期の利益とし
て処理することができる。

8　会計仕訳の設例

　ここでは PPA を実務の場で行う際に会計処理がどうなるかを，仕訳を用い
て具体的に解説する。

⑴　合併における取得原価の配分

前提条件

① 　X2年1月1日を企業結合日（合併期日）とし，α社（決算日：3月31
　　日）はβ社を吸収合併した。取得企業はα社とされ，取得原価は1,000で
　　あった。企業結合にあたりα社は自社の株式を交付している。

② 　企業結合日において，β社の土地について時価評価額が700とされた。
　　（帳簿価額：100）。また，その他の資産および負債の帳簿価額と時価との
　　差異は重要でないと見込まれるため取得原価で評価する。

③ 　β社の企業結合日（合併期日）前日の個別貸借対照表は次のとおりであ
　　る。

科目	金額	科目	金額
売掛金	300	負債	300
棚卸資産	100	資本金	150
土地	100	利益剰余金	50

④ 　のれんは10年で償却するものとする。

⑤ 税効果会計は考慮しない。

企業結合日（合併期日）の会計処理（X2年1月1日）

（個別財務諸表上の会計処理）

（借）	売　　掛　　金	300	（貸）	負　　　　債	300
	棚　卸　資　産	100		払　込　資　本	1,000
	土　　　　地	700			
	の　　れ　　ん	（※1）200			

（※1）　のれんは差額で算定：のれん200＝支払対価1,000－識別可能資産・負債への配分
額800（売掛金300＋棚卸資産100＋土地700－負債300）

年度決算時の会計処理（X2年3月31日）

（個別財務諸表上の会計処理）

| （借）　のれん償却 | （※2）5 | （貸）　の　　れ　　ん | 5 |

（※2）　のれんの償却：200÷10年×3/12＝5

(2)　連結会計における取得原価の配分

前提条件

① X2年1月1日を企業結合日とし，α社（決算日：3月31日）を株式交換完全親会社，β社を株式交換完全子会社とする株式交換（交換比率は1：0.5）を行った。なお，α社およびβ社の発行済株式総数は100株である。

② 当該株式交換は取得とされ，α社が取得企業，β社が被取得企業とされた。

③ α社はβ社の株主にα社株式を交付した。なお，株式交換日のα社株式の時価は1株当たり20であり，交付した株式の時価総額は1,000（＝@20×100株×0.5）となった。

④ 株式交換日において，β社の土地について時価評価額が700とされた。

（帳簿価額：100）。また，その他の資産および負債の帳簿価額と時価との差異は重要でないと見込まれるため取得原価で評価する。

⑤ 株式交換日の前日の β 社の個別貸借対照表は(1)③と同様とする。

⑥ のれんは10年で償却するものとする。

⑦ 税効果会計は考慮しない。

企業結合日（株式交換日）の会計処理（X2年1月1日）

（α社の個別財務諸表上の会計処理）

| （借） | β 社 株 式 | （※1）1,000 | （貸） | 払 込 資 本 | 1,000 |

（※1） 株式交換による企業結合の場合，株式交換完全親会社の個別財務諸表では，企業結合適用指針37項から50項に準じて算定された取得原価で被取得企業株式（株式交換完全子会社の株式）を計上する（企業結合適用指針110項）。

（連結財務諸表上の会計処理（β社土地の時価評価））

| （借） | 土　　地 | （※2）600 | （貸） | 評 価 差 額 | 600 |

（※2） 取得原価は，β 社から受け入れた資産および引き受けた負債のうち企業結合日時点における識別可能資産および負債の時価を基礎として，当該資産および負債に対して配分する（企業結合適用指針116項(2)）。

　　　土地の評価差額600＝時価評価額700－帳簿価額100

（時価評価後の β 社貸借対照表）

科目	金額	科目	金額
売掛金	300	負債	300
棚卸資産	100	資本金	150
土地	700	利益剰余金	50
		評価差額	600

（投資と資本の相殺消去）

（借）	資　本　金	150	（貸）	β　社　株　式	1,000
	利 益 剰 余 金	50			
	評 価 差 額	600			
	の　れ　ん	（※3）200			

（※3）　のれんは差額で算定：のれん200＝β社株式1,000－β社株主資本800（資本金150
＋利益剰余金50＋評価差額600）

　なお，連結財務諸表作成時のα社とβ社の単純合算も仕訳として加味すれ
ば，全体としての仕訳は以下のようになる。経済的実態が同様である(1)の企
業結合日（合併期日）の会計処理と同一の仕訳である。

（借）	売　掛　金	300	（貸）	負　　　　債	300
	棚 卸 資 産	100		払 込 資 本	1,000
	土　　　地	700			
	の　れ　ん	200			

年度決算時の会計処理（X2年3月31日）

（連結財務諸表上の会計処理）

| （借） | の れ ん 償 却 | （※4）5 | （貸） | の　れ　ん | 5 |

（※4）　のれんの償却：200÷10年×3/12＝5

(3)　退職給付に係る負債への取得原価の配分

前提条件

① 　X2年3月31日を企業結合日（合併期日）とし，α社（決算日：3月31
日）はβ社を吸収合併した。取得企業はα社とされ，取得原価は300であ
った。企業結合にあたりα社は自社の株式を交付している。

② 　企業結合日において，β社のすべての資産および負債の帳簿価額と時価
との差異は重要でないと見込まれるため取得原価で評価する。

第1章　企業結合における資産評価・配分の必要性　29

③　β社は，退職給付制度として一時金制度を採用しており，α社はそれを受け入れる。企業結合日時点のβ社の貸借対照表における退職給付に係る負債は200である。ただし，退職給付債務は300であり，未認識数理計算上の差異100を遅延認識している。

④　β社の企業結合日（合併期日）前日の個別貸借対照表は次のとおりである。

科目	金額	科目	金額
売掛金	300	負債	100
棚卸資産	100	退職給付に係る負債（※1）	200
土地	100	資本金	150
		利益剰余金	50

（※1）　本設例は個別財務諸表上の会計処理であるため，「退職給付引当金」が適切であるが，本章4(4)と表現を合わせるため「退職給付に係る負債」と表示している。

⑤　税効果会計は考慮しない。

企業結合日（合併期日）の会計処理（X2年3月31日）

（個別財務諸表上の会計処理）

（借）売 掛 金	300	（貸）負 債	100
棚 卸 資 産	100	退職給付に係る負 債（※2）	300
土 地	100	払 込 資 本	300
の れ ん	200		

（※2）　確定給付制度による退職給付に係る負債は，企業結合日において，受け入れた制度ごとに「退職給付に関する会計基準」に基づいて算定した退職給付債務および年金資産の正味の価額を基礎として取得原価を配分する。したがって，被取得企業における未認識項目は取得企業に引き継がれない（企業結合適用指針67項）ため，退職給付債務300として取得原価を配分する。

⑷ 取得原価の配分の暫定処理と確定処理

[前提条件]

① X2年1月1日を企業結合日（合併期日）とし，α社（決算日：3月31日）はβ社を吸収合併した。取得企業はα社とされ，取得原価は1,100であった。企業結合にあたりα社は自社の株式を交付している。

② α社はβ社の持つ顧客リストを目的として企業結合を行っており，当該顧客リストを識別可能な無形資産として新たに認識する。

③ 年度決算（X2年3月31日）において，β社の顧客リストについては，評価額が確定せず取得原価の配分作業が完了しなかったため，評価額は0として暫定的な会計処理を行った。また，その他の資産および負債の帳簿価額と時価との差異は重要でないと見込まれるため取得原価で評価する。

④ β社の企業結合日（合併期日）前日の個別貸借対照表は次のとおりである。

科目	金額	科目	金額
売掛金	300	負債	300
棚卸資産	100	株主資本	100

⑤ その後，X2年6月30日に追加的な情報を入手し，当該顧客リストの時価が800であると算定されたとする。なお，顧客リストは20年，のれんは10年で償却するものとする。

⑥ 税効果会計は考慮しない。

[企業結合日（合併期日）の会計処理（X2年1月1日）]

（個別財務諸表上の会計処理）

（借）売　掛　金	300	（貸）負　　　　債	300
棚　卸　資　産	100	払　込　資　本	1,100
顧　客　リ　スト	（※1）0		
の　れ　ん	1,000		

第1章　企業結合における資産評価・配分の必要性　31

（※1）　取得原価の配分は，この時点で入手可能な情報に基づき，暫定的に行う（企業結合会計基準28項（注6））。企業結合日時点では顧客リストへの評価額が得られていないため，暫定的な評価額は0としている。

年度決算時の会計処理（X2年3月31日）

（個別財務諸表上の会計処理）

（借）　のれん償却	（※2）25	（貸）　の　　れ　　ん	25

（※2）　暫定的なのれんの償却：1,000÷10年×3/12＝25

暫定的な会計処理の確定時の会計処理（X2年6月30日）

　暫定的な会計処理を確定させたことにより取得原価の配分額を見直した場合には，企業結合日におけるのれんの額も取得原価が再配分されたものとして会計処理を行い，企業結合年度に当該確定が行われたかのように会計処理を行う。また，企業結合年度の情報が比較情報として開示される場合には，比較情報は当該見直しを反映して開示される（企業結合会計基準28項（注6），企業結合適用指針70項）。

（あるべき企業結合日の会計処理）

（借）　売　　掛　　金	300	（貸）　負　　　　　　債	300
棚　卸　資　産	100	払　込　資　本	1,100
顧　客　リ　ス　ト	（※3）800		
の　　れ　　ん	200		

（※3）　顧客リストの評価額：800

（あるべき年度決算時の会計処理）

（借）　顧客リスト償却	（※4）10	（貸）　顧　客　リ　ス　ト	10
の　れ　ん　償　却	（※5）5	の　　れ　　ん	5

（※4）　四半期分の顧客リストの償却：800÷20年×3/12＝10
（※5）　四半期分の確定したのれんの償却：200÷10年×3/12＝5

上記会計処理が企業結合年度になされていたと考えると，暫定的な会計処理の確定時の会計処理としては以下のようになる。

（借）	顧 客 リ ス ト	800	（貸）	の 　 れ 　 ん	800
	の 　 れ 　 ん	20		利 益 剰 余 金	（※6）20
	利 益 剰 余 金	（※7）10		顧 客 リ ス ト	10

（※6）　のれん償却額の修正：20＝暫定的なのれんの償却25－確定したのれんの償却5
（※7）　前期分の顧客リスト償却額：10

(5)　企業結合に係る特定勘定への取得原価の配分

前提条件

① 　X2年1月1日を企業結合日（合併期日）とし，α社（決算日：3月31日）はβ社を吸収合併した。取得企業はα社とされ，取得原価は300であった。企業結合にあたりα社は自社の株式を交付している。

② 　企業結合日において，β社のすべての資産および負債の帳簿価額と時価との差異は重要でないと見込まれるため取得原価で評価する。

③ 　α社はβ社を吸収合併した後にリストラを実施し従業員等の整理を行うことを予定している。当該リストラに係る費用は100と見積られており，当該事象およびその金額が契約条項で明確にされている。

④ 　リストラ費用がX2年2月28日に98発生した。なお，当初見積額100との差額は合理的なものであった。

⑤ 　β社の企業結合日（合併期日）前日の個別貸借対照表は次のとおりである。

科目	金額	科目	金額
売掛金	300	負債	300
棚卸資産	100	資本金	150
土地	100	利益剰余金	50

⑥ 　税効果会計は考慮しない。

第 1 章　企業結合における資産評価・配分の必要性　33

企業結合日（合併期日）の会計処理（X2年１月１日）

（個別財務諸表上の会計処理）

（借）売　掛　金	300	（貸）負　　　　債	300
棚　卸　資　産	100	企業結合に係る　（※１）	100
		特　定　勘　定	
土　　　　地	100	払　込　資　本	300
の　れ　ん	200		

（※１）　リストラ費用100を負債として認識する。

企業結合に係る特定勘定の取崩し（X2年２月28日）

（借）企業結合に係る	100	（貸）未　払　金	98
特　定　勘　定			
		企業結合に係る　（※２）	2
		特定勘定取崩益	

（※２）　実際のリストラ費用が企業結合に係る特定勘定を下回る場合，取崩益が発生する。
　　　　　なお，当設例の取崩益はリストラが発生しなかったことによるものではないため，
　　　　　会計上の見積りの変更として，営業外収益等その性質により表示区分が決定される
　　　　　（企業結合適用指針66項，過年度遡及会計基準55項）。
　　　　　企業結合に係る特定勘定取崩益２＝企業結合に係る特定勘定100－未払金（リス
　　　　トラ費用）98

(6)　無形資産の減損処理

　無形資産は，減損会計基準の適用対象とされ（減損適用指針５項），無形固
定資産の減損損失計上までの手続は有形固定資産と同様である。

前提条件

①　(4)で認識した無形資産：X4年３月31日決算において，顧客リストを使
　　用している事業から生じる営業損益が企業結合日後，継続してマイナスで
　　あった。

②　顧客リストについての割引前将来キャッシュ・フローは400，使用価値

は350，正味売却価額は300である。

③　のれんの減損は考慮しないものとする。

年度決算時の会計処理（X4年３月31日）

①　減損の兆候

企業結合日後，継続して営業損益がマイナスであるという事象は，減損適用指針12項の例示に該当し，当該顧客リストには減損の兆候がある。

②　減損損失の認識

顧客リストの帳簿価額：710 [※1]

　（※１）　当初認識額800 － X2年度償却10 － X3年度償却40 － X4年度償却40 ＝ 710

割引前将来キャッシュ・フロー：400

710＞400：減損損失を認識する

③　減損損失の測定

回収可能価額：350 [※2]

　（※２）　使用価値 350＞正味売却価額300

減損損失360 ＝ 710 － 350

| （借）　減　損　損　失 | 360 | （貸）　顧　客　リ　ス　ト | 360 |

第**2**章

無形資産評価の実務

　前章では，企業結合における資産評価・配分に関して包括的に述べてきたが，本章では，その中でも特に専門性が高く，多くの時間と労力を必要とする，無形資産の識別と評価作業について解説する。

　はじめに無形資産の識別・評価の全体スケジュールについて概観した上で，その後，無形資産の識別，無形資産の評価手法，カテゴリーごとの無形資産評価の実務上の論点について述べる。

1　無形資産評価の作業スケジュール

(1)　PPAの作業プロセス

　図表2−1に示したとおり，PPAの作業プロセスは，まず取得原価（支払対価の時価と買収に係る直接費用[1]の合計）を算定することとなる。

　PPA実施前では被取得企業の帳簿価額が判明していたが，PPAでは，被取得企業の有形資産，無形資産（簿外を含む），および引受負債を時価評価することにより，被取得企業の純資産の時価を把握し，取得原価との差額をのれんとして計上することとなる。

　1　買収に係る直接費用（外部のアドバイザーに支払った費用等，対価性が認められる費用）は，平成25年改正企業結合会計基準において，取得原価には含めず費用処理することとなった。

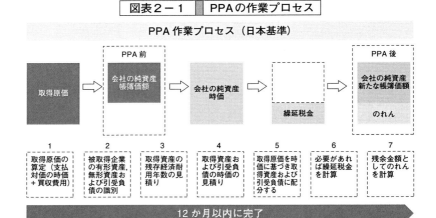

 PPAにおいて，被取得企業の帳簿に計上されていない無形資産についても，新たに識別し，時価評価することとなる。新たに識別される無形資産については，会計上は認識・償却されるが，企業結合が株式取得の場合は，税務上は新たに無形資産を認識・償却しない。したがって，会計と税務との「一時的な」益金に対する認識時期の相違を調整する必要があり，繰延税金負債を計上することとなる。

 最終的には，繰延税金負債を考慮したうえで，被取得企業の取得原価と新たに計上される無形資産を含めた時価純資産との差額が，のれんとして計上される。

 PPAでは，原則として，被取得企業が保有するすべての資産および負債を時価評価することとなっているため，新たに識別される無形資産以外にも，帳簿上の資産および負債は，時価評価する必要がある。しかしながら，実務上は，勘定科目を1つ1つ評価することはなく，重要性の観点から，帳簿価額と時価の差が大きいと考えられる主要な資産および負債のみを評価対象として選択することとなる。帳簿価額と時価が乖離していると考えられる資産としては，たとえば工場内の機械・設備が挙げられる。機械・設備は，減価償却により会計上の帳簿価額がゼロに近くなっているものの，実際には稼働しているケースが

第2章　無形資産評価の実務　37

あり，時価評価を行うと，価値があるものが多い。また，取得時期が古い土地についても，帳簿価額と時価が乖離している可能性がある。なお，負債については，明らかに時価との差が乖離していることが見込まれなければ，帳簿価額を時価とみなすことが多い。

時価評価を行う例（新たに識別される無形資産を除く）は，以下のとおりである。

- 不動産（土地，建物，各種財団等）
- 機械・設備
- 棚卸資産
- 普通株式，優先株式
- 各種貸付債権
- 割賦債権，住宅ローン，信販債権等

最終的には，会計監査人と協議の上，評価対象を決める必要があるが，重要性の観点が必要となる。したがって，評価対象範囲は，そもそもの被取得企業の規模の大きさにも左右される。

被取得企業の帳簿上の資産および負債については，上記のとおりであるが，新たに識別される無形資産については，重要性がないことが明らかな場合を除き，時価評価が求められる。会計監査人とは，どのような無形資産が識別される可能性があるか，事前に協議を行うことが望ましい。

(2)　無形資産評価の作業プロセス

被取得企業の大きさやその他の要因に左右されるが，無形資産評価の一般的な作業スケジュールは図表2－2に示すとおりである。

①　初期準備作業

無形資産の識別および評価を行うにあたり，買収案件の背景や目的，買収スキームの理解，被取得企業の財務内容，事業内容についての把握，被取得企業が属している市場環境の検討等，社内資料から社外資料に至るまで，多岐にわ

| 図表2-2 | 無形資産評価の作業プロセス |

①初期準備作業　　情報入手・内容確認〉

②識別作業　　　　　識別作業（インタビュー等）〉

③価値算定　　　　　　　　　　価値算定作業〉

④監査人レビュー　　　　　　　　　　　　監査人レビュー〉

たる情報を入手する必要がある。特に，無形資産の識別において，買収の目的を把握することが重要となるため，買収検討時の経営会議資料や社内稟議資料等の社内資料から把握する必要がある。

②　無形資産の識別作業

　無形資産の識別は，初期準備作業において，どのような無形資産が存在するのか推察するとともに，被取得企業への資料依頼および被取得企業へのインタビューを基礎として，無形資産の識別を行う。無形資産の識別要件および例示については，後述する「2　PPAで識別される無形資産の種類」にて詳細を説明する。

③　無形資産の価値算定

　識別された無形資産のうち，重要性があると考えられるものについては，価値算定を行う。各種無形資産の評価手法の詳細については，後述する「3　無形資産の評価手法」にて詳細を説明する。なお，代表的な無形資産の評価手法は，図表2-3に示すとおりである。

④　会計監査人によるレビュー

　無形資産の識別および価値評価の結果は，会計監査人によるレビューを受け

第2章　無形資産評価の実務　39

図表2-3　代表的な無形資産と評価手法		
対象無形資産	評価アプローチ	一般的な評価手法
商標・商号	インカム・アプローチ	ロイヤリティ免除法
特許権（または特許権付技術）	インカム・アプローチ	ロイヤリティ免除法
顧客との関係	インカム・アプローチ	超過収益法
仕掛研究開発（IPR&D）	インカム・アプローチ	超過収益法
内部開発ソフトウェア	コスト・アプローチ	再生産／再調達原価法
労働力	コスト・アプローチ	再生産／再調達原価法

ることになる。会計監査人は，取得企業の連結財務諸表の適正性について意見を表明する立場にあるため，被取得企業の評価対象資産，負債が正しく計上されているか確認する必要がある。会計監査人は，監査法人系列の評価専門家にレビューを依頼し，実際には，同評価専門家がレビューを行うケースが多い。

　会計監査人とは，全体の資産・負債の評価対象を確定させるとともに，どのような無形資産が識別されるか事前に協議を行い，実際にレビューが実施されるまでに，ある程度コンセンサスを得ていることが望ましい。新たに識別される無形資産に関するレビューは，以下のとおり(i)無形資産の識別結果および(ii)識別された無形資産の価値評価に関して行われる。

(i)　無形資産の識別結果

　識別された無形資産が，識別要件（法律上の権利など分離して譲渡可能な無形資産）を満たしているか，無形資産の例示（「2　PPAで識別される無形資産の種類」参照）に基づき，網羅的に識別の検討が行われているかがポイントとなる。なお，無形資産として識別されるものの重要性が乏しいという判断から，評価が行われない場合もある。

(ii)　識別された無形資産の価値評価

　各種無形資産の評価に関するレビューの主要ポイントは，以下のとおりである。最終的なレビューの段階になって，会計監査人との意見の相違を避けるた

めには，可能な限り事前にコンセンサスを得ることが望ましい。

- 評価手法（図表 2 - 3 で示されているような一般的な評価手法か？）
- 事業計画（市場参加者の観点と整合しているか？　取得企業固有のシナジーが含まれていないか？）
- 永久成長率
- ロイヤリティレート（ロイヤリティ免除法）
- 耐用年数
- 減少率（多期間超過収益法）
- 貢献資産コスト（多期間超過収益法）
- 割引率（他の無形資産との整合性，WACC，WARA，IRR[※] の整合性）
- 償却に係る節税効果

（※）　各指標の詳細については第 2 章10(2)参照。

(3)　ポスト PPA とプレ PPA との比較

　無形資産の評価は，主として企業結合取引終了後（クロージング後）の取得原価配分において，識別可能な無形資産の時価を算定するために行われる（ポスト PPA）。一方で，クロージング前においても，ポスト PPA において認識される将来の無形資産の償却負担が，取得企業の収益にどの程度のインパクトを与えるかを把握するために，取得企業が実際の取得価格を決定する際の参考として，無形資産を評価する場合がある（プレ PPA）。

　ポスト PPA において算定する無形資産の時価は，会計上資産計上されるが，プレ PPA において算定される時価は，あくまでも将来の収益インパクト（無形資産の償却額）を把握することを目的としているため，実際に資産計上されるものではない。

　図表 2 - 4 に示したとおり，企業買収のプロセスは，被取得企業の検討から始まり，案件の具体的な検討，被取得企業との交渉，最終価格の合意，クロージングを経たうえで，クロージング後の作業となる。

　無形資産の評価は，クロージング後において実施されるポスト PPA と案件の検討において実施されるプレ PPA のいずれかのタイミングで行われる。

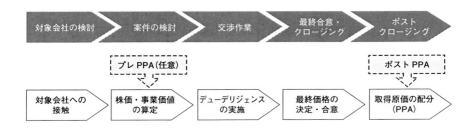

① プレPPAにおける無形資産の簡易評価

プレPPAが実施されるタイミングはクロージング前であるため,被取得企業から入手可能な資料が限られており,無形資産の識別や評価を実施するための十分な情報が入手できない場合が多い。また,プレPPAの目的は,将来の無形資産の償却負担が,取得企業の収益にどの程度インパクトを与えるかを把握するためのものであり,プレPPAにおける評価結果が,実際に取得企業の連結財務諸表に計上されるわけではない。したがって,プレPPAにおける評価は,あくまでも簡易的なものであり,ポストPPAにおいて実施される評価結果とは乖離する可能性があることに留意が必要である。

プレPPAにおける無形資産の評価結果は,割引率,減少率,成長率等をある一定の範囲で想定することにより,レンジでの評価額を算出することが多い。また,ポストPPAでの無形資産の識別作業は,詳細な資料や被取得企業とのインタビューを基に実施される一方で,プレPPAでは,限られた情報から実施せざるを得ず,被取得企業へのインタビューも実施できないケースがあるため,無形資産の識別結果は,想定されうる主要な無形資産のみに限定されることとなる。

② ベンチマーク分析

プレPPAにおいて,無形資産の簡易評価以外にも,広義ののれんに占める

無形資産が，どの程度の割合になるかを把握する方法として，ベンチマーク分析がある。ベンチマーク分析は，合理的なデータを取得できる期間（過去5年程度）を目安として，被取得企業の類似事業において，実際に取引が行われた過去の買収事例の公開情報を基に分析を行うものである。具体的には，有価証券報告書，アニュアルレポート，Form10-K（米国の有価証券報告書に該当するもの）等をデータソースとして，過去の買収事例において，どのような無形資産が，どの程度の規模で計上されたかを把握するものである。また，無形資産の償却期間についても公開されている事例が多い。以上の情報を基に，広義ののれんに占める無形資産の割合および償却年数を把握することとなるが，被取得企業特有の無形資産を把握できるわけではないため，おおよその償却額を把握したい場合に用いられる。ベンチマーク分析のアウトプットとしては，過去案件ごとの広義ののれんに占める各無形資産の割合およびそれらの償却期間となるが，できるだけ多くの類似買収事例を収集し，イレギュラーな事例を取り除いたうえで，中間値や平均値を参考として，各無形資産の割合および償却期間を算定するものである。

2　PPAで識別される無形資産の種類

⑴　無形資産の識別概要

　日本基準においては，企業または事業と独立して売買可能なものである「分離して譲渡可能な無形資産」は，当該無形資産の独立した価格を合理的に算定できなければならないとされている（企業結合適用指針59項）。

　分離して譲渡可能な無形資産であるか否かは，対象となる無形資産の実態に基づいて判断すべきであるが，我が国には現在のところ無形資産に係る包括的な会計基準が存在しないため，識別可能な無形資産についての例示が限定的である。このため，以下では，我が国において今後，実務の参考となるであろう国際財務報告基準に基づく識別要件について説明する。

　IAS第38号「無形資産」（以下，「IAS38」という）は，無形資産を以下のと

おり定義している（IAS38 para.8-17）。

① 過去の事象の結果として企業が支配している（Control）
② 将来の経済的便益が企業に流入することが期待されている資産で（Future economic benefits）である
③ 物理的実体のない識別可能（Identifiability）な非貨幣性資産である

また，以下のいずれかに該当する場合，識別可能であるとされている（IAS38 para.12）。

(i) **分離可能**
　企業の意図にかかわらず，単独で，または関連する契約，識別した資産または負債とともに，企業から分離または分割して売却，移転，ライセンス付与，賃貸，または交換が可能である場合。
(ii) **契約・法的権利**
　権利が譲渡可能であるか否か，あるいは企業または他の権利・義務から分離可能であるか否かにかかわらず，契約または法的権利から生じる場合。

なお，IAS38は上記の定義に加え，さらに以下を満たす場合にのみ，無形資産として認識可能としているが，企業結合により取得した無形資産については，下記(a)は常に充足されているとみなしている（IAS38 para.33）。

(a) 当該資産に起因する期待される将来の経済的便益が企業に流入する可能性が高い（IAS38 para.21(a)）
(b) 当該資産の取得原価を信頼性をもって測定できる（IAS38 para. 21(b)）

IFRS第3号は，企業結合により取得した識別可能な無形資産の例を示している（IFRS 3 IE18-39）（図表2－5）。識別可能性の要件および無形資産の例示は，米国基準においてもほぼ同様の内容である（ASC805-20-55-11～44）。
　なお，上記例示は網羅的なものではないことに注意されたい。

| 図表2-5 | 無形資産の例示と識別要件 |

識別可能な無形資産の例	識別要件
マーケティング関連の無形資産	
a. 商標，商号，サービスマーク，団体マークおよび認証マーク	1
b. トレードドレス（独特な色彩，形またはパッケージ・デザイン）	1
c. 新聞マストヘッド	1
d. インターネットのドメイン名	1
e. 非競合契約	1
顧客関連の無形資産	
a. 顧客リスト	2
b. 注文または製品受注残高	1
c. 顧客契約および関連する顧客関係	1
d. 契約に基づかない顧客関係	2
芸術関連の無形資産	
a. 演劇，オペラ，バレエ	1
b. 書籍，雑誌，新聞，その他文学作品	1
c. 作曲，作詞，コマーシャルソング等の音楽作品	1
d. 写真，絵画	1
e. 映画またはフィルム，音楽テープおよびテレビ番組を含むビデオおよび視聴覚データ	1
契約関連の無形資産	
a. ライセンス，ロイヤリティ，使用禁止契約	1
b. 広告，建設，マネジメント，サービス，サプライ契約	1
c. リース契約(被取得企業が借り手,貸し手であるかに関わらない)	1
d. 建設許可	1
e. フランチャイズ契約	1
f. 営業，放送権	1
g. 住宅ローン貸付管理契約等のサービス契約	1
h. 雇用契約	1
i. 採削,水道,空調,材木伐採,および通行権等の利用権	1
技術関連の無形資産	
a. 特許技術	1
b. コンピューターソフトウェアおよびマスクワーク	1
c. 無特許の技術	2
d. タイトルプラントを含むデータベース	2
e. 秘密製法，プロセス，レシピ等の取引上の機密	1

（識別要件）　1：契約・法的要件を満たす無形資産
　　　　　　　2：分離可能性要件を満たす無形資産

3 無形資産の評価手法

識別可能と判断された無形資産の一般的な評価手法として，マーケット・アプローチ，インカム・アプローチ，コスト・アプローチが挙げられる。実務的には，この中から適切なアプローチを選択する必要があり，買収を取り巻く事実関係，資産の性質およびデータの可用性などを総合的に判断のうえ，最終的に適用するアプローチ（1つまたは複数）を決定する。

図表2－6は，各アプローチの検討手順を示したものである。マーケット・アプローチは，実際の類似取引事例に基づいた評価手法であり，類似取引事例が入手可能であれば，優先的に採用すべきアプローチといえる。しかしながら，無形資産の性質上，類似の資産に関する情報の入手や比較が困難であることから，実務上，マーケット・アプローチは採用できず，通常は，インカム・アプローチまたはコスト・アプローチで評価を行うことになる。

また，コスト・アプローチは，評価対象資産と同等のものを再取得するために必要な費用をもって価値評価をするアプローチであるため，評価対象資産が将来生み出す収益については考慮されていない。したがって，無形資産の評価では，将来の収益力に着目して評価を行うインカム・アプローチが最適な手法といえる。

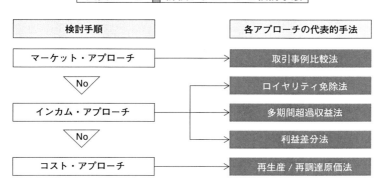

図表2－6　評価アプローチの検討手順

図表2－7	無形資産の評価手法	
商標，特許権	インカム・アプローチ	ロイヤリティ免除法
顧客との関係，技術	インカム・アプローチ	多期間超過収益法
内部開発ソフトウェア，労働力	コスト・アプローチ	再生産／再調達原価法

　これらの評価手法を用いた代表的な無形資産は，図表2－7に示すとおりである。

(1)　マーケット・アプローチ

　マーケット・アプローチでは，市場の他の購入者が，評価対象資産と合理的に類似しているとみなされる資産に対して支払った対価を基礎として価値算定する。合理的に同等な資産に対して支払われた価格に関するデータを収集し，同等資産と評価対象資産間の差異を埋め合わせるために，同等資産に対して調整を行い，当該無形資産の売却によって実現すると期待される合理的な価格を算定する。マーケット・アプローチは，上場株式のように，対象となる資産について，市場での取引価格が公表されている場合には，高い信頼性をもつことになるが，無形資産の場合には，その価値評価に必要な情報を利用するに際し，使用する市場取引データの信頼性および有用性の確保が必要となる。

　しかしながら，日本においては，実際に無形資産に関する類似の取引価格が得られることはほとんどない。それらの資産は，通常は事業譲渡の一部として移転され，個別に取引されることは稀だからである。また，多くの無形資産は特定の企業に固有の資産であることが多く，企業間での比較は困難である。このような理由から，日本においては，マーケット・アプローチが無形資産の評価に適用されるケースはほとんどない。

　ただし，日本のマーケットとは異なり，米国において，無形資産を単独で売買することが慣行となっている業界では，当該無形資産の評価にマーケット・アプローチを適用することがある。たとえば，不動産業界における借地権，占

有権，空間権，航空業界におけるエアポート着陸権，航空ルート，その他フランチャイズ権，開発許可などは他の資産と分離して単独で売買されており，マーケット・アプローチの適用が可能である。

⑵　インカム・アプローチ

　インカム・アプローチは，無形資産の収益力に着目した評価アプローチであり，無形資産の価値は，その資産の有用年数（いわゆる経済的耐用年数）にわたり享受することが可能な経済的便益の現在価値合計によって，測定することができるという前提に立っている。インカム・アプローチは，コスト・アプローチやマーケット・アプローチと異なり，予測キャッシュ・フロー，キャッシュ・フローをもたらす予測期間，および割引率の3つの要素が決まれば価値算定ができるため，無形資産にも適用できるアプローチといえる。しかしながら，これらの3要素は，いずれも見積りを必要とするものであるため，インカム・アプローチを採用するにあたっては，将来キャッシュ・フローやキャッシュ・フローをもたらす期間を合理的に予測できるか否かが重要となる。

　以下は，インカム・アプローチの代表的な手法の概要である。

①　ロイヤリティ免除法

　ロイヤリティ免除法は，対象無形資産を所有していなければ，使用するために要したであろうロイヤリティの支払いを，当該無形資産を取得することにより回避（免除）しているとの考えに基づき，ロイヤリティ支払いの回避部分を無形資産の価値とする方法である。

　具体的には，対象無形資産がその予測耐用年数の期間に生み出すと想定される予測収益に適切なロイヤリティ料率を乗じて免除ロイヤリティ収入を算出する。その上で税引後の免除ロイヤリティ収入を適切な割引率で現在価値に割引合計したものが無形資産の価値となる。

　なお，ロイヤリティ免除法は，後述の「4⑵マーケティング関連無形資産の評価方法」にて，詳しく説明する。

② 多期間超過収益法

多期間超過収益法は，無形資産の価値は，対象無形資産のみに帰属する正味キャッシュ・フローの現在価値合計に等しいという考えに基づいている。対象無形資産のみに帰属する正味キャッシュ・フローは，対象無形資産が活用される事業のキャッシュ・フローから，そのキャッシュ・フローを実現するために必要なすべての有形，無形資産（これらを貢献資産という）が要求する期待収益を控除した残余分により算出する。当該正味キャッシュ・フローを適切な割引率で現在価値に割引合計したものが無形資産の価値となる。

多期間超過収益法の詳細は，後述の「5⑶顧客関連無形資産の評価プロセスとポイント」にて，詳しく説明する。

③ 利益差分法

利益差分法は，対象無形資産が存在する場合と存在しない場合の事業価値の差額に基づき資産の価値を算定する手法である。無形資産があると仮定した場合の事業の税引後キャッシュ・フローの現在価値を，無形資産がないと仮定した場合の事業の税引後キャッシュ・フローと比較する。利益差分法は，With or Without 法としても知られている。

利益差分法の詳細は，後述の「4⑵マーケティング関連無形資産の評価」にて，詳しく説明する。

⑶ コスト・アプローチ

コスト・アプローチは，識別された無形資産と同等の資産の取得に要するコストをもって価値を測定するアプローチであり，再調達原価法が代表的な手法である。

資産を新たに購入するのであれば，通常，当該購入のために要した価格が再調達原価ということになるが，他の事業会社などから承継する場合には，承継した相手先によりすでに一定期間にわたり使用されていることもある。そのような場合は，当該資産を新たに取得または製造するのに要するコストから，一

定程度使用されたことによる減価調整を行う必要があるため，コスト・アプローチの適用にあたっては，対象となる資産の経過年数および残存耐用年数を適切に把握することが重要となる。

コスト・アプローチは，投資家は無形資産に対してその再取得コストまたは再生産コスト以上のものは支払わないとの前提に基づいている。したがって，対象無形資産の価値は，同等の有用性を備えた類似の無形資産の再取得コストに，当該無形資産の陳腐化（物理的，機能的，経済的）に起因する価値の減価を調整して算出する。

無形資産については，対象無形資産に直接関係するコストの特定が困難な場合が多い。特に，対象無形資産の創出からかなりの期間が経っている場合には困難である。その他にコスト・アプローチには以下のような制約が挙げられる。

- 資産の潜在的収益性が考慮されず，それが価値に及ぼす影響も考慮されない。
- 投資と価値との間に直接的な相関関係がない。
- 重要でない品目の再生産コストを見積ることができない。

コスト・アプローチは，マーケット・アプローチやインカム・アプローチで価値を決定できない場合に使用される。内部開発ソフトウェアや労働力の評価にはコスト・アプローチが適用されることが多い。

4　マーケティング関連無形資産の評価方法

(1)　マーケティング関連無形資産の概要

マーケティング関連無形資産は，主に製品やサービスのマーケティングおよび販売促進に利用される。商標，商号，サービスマーク，団体マークおよび認証マークは，政府機関への登録，事業での継続的な使用，またはその他の方法を通じて法的に保護される。登録またはその他の方法を通じて法的に保護される場合には，企業結合で取得された商標またはその他のマークは，契約・法的要件を満たす無形資産となる。そうでない場合，企業結合で取得された商標ま

たはその他のマークは，分離可能性要件が満たされる（通常はそうであろう）のであれば，のれんと区別して認識することができる。

① 商標，商号，サービスマーク，団体マークおよび認証マーク

商標とは，製品の供給元を表示して他の製品と区別するために，取引で使用される言葉，名称，シンボルまたはその他の図案である。商号とは，商人が営業上自己を表示するために用いる名称であり，会社法上，会社は必ずその商号を定め，株式・有限など会社の種類を明示することが要求される。サービスマークは，製品ではなくサービスの提供元を識別し区別する。団体マークは，グループのメンバーの商品またはサービスを識別する。認証マークは，商品またはサービスの地理的原産地またはその他の特徴を証明する。

② トレードドレス（独特な色彩，形またはパッケージ・デザイン）

トレードドレスとは，一般に，消費者にその製品の出所を表示する，製品あるいはその包装（建物のデザインすらも該当しうる）の視覚的な外観の特徴を指すものである。トレードドレスの認定を受ければ，知的財産として保護を受ける対象になる。

③ 新聞マストヘッド

主として欧文誌において，通常冒頭に出版・発売等に関する情報を記載した部分を指す。和文誌の奥付に相当するものである。

④ インターネットのドメイン名

インターネットのドメイン名は，特定の数値式インターネット・アドレスを識別するために使用される英字と数字を組み合わせた独特の名前である。ドメイン名の登録により，登録された期間にわたってインターネット上でその名前と指定されたコンピューターの接続を行う。それらの登録は更新可能である。企業結合で取得された登録されたドメイン名は契約・法的要件を満たす。

⑤ 非競合契約

非競合契約は競業避止契約とも呼ばれる。企業結合において，売り手となる株主や買収に伴い退職する重要な役職員と，一定期間，被取得企業と競合する会社で働かないことや競合する会社を新規に設立しないことを法的に確認するものである。労働者に保証されている職業選択の自由との兼ね合いから，非競合契約を結ぶことができない国・地域もみられるが，企業運営における人材価値の重要性が高まるにつれ，非競合契約を締結するケースが増えてきている。

なお，商標およびその他のマークに対する同義語としてしばしば使用されるブランドおよびブランドネームという用語は，商標（またはサービスマーク）およびそれに関連する商号，製法，レシピおよび技術的専門知識のような相互補完的資産のグループを指す一般的なマーケティング用語である。IFRS第3号は，企業が，一般的にブランドと呼ばれる相互補完的な無形資産のグループについて，そのグループを構成する資産が同様の耐用年数を有する場合には，のれんと切り離して単一の資産として認識することを認めているため，実務上は「○○ブランド」という無形資産が認識されるケースもみられる。

(2) マーケティング関連無形資産の評価方法

一般的にマーケティング関連無形資産の評価実務において使用される評価手法としては，以下のような方法が挙げられる。

① マーケット・アプローチ

マーケット・アプローチは，資産の活発な市場がある場合には最も望ましいアプローチと考えられる。しかし，無形資産は，一般に類似のものがなく，活発な市場があることは稀であるため，実務において，マーケット・アプローチを使える状況はかなり限定的であると考えられる。

（i）売買取引比較法

　時価算定の対象となる資産と類似の資産の実際の売買事例に用いられた価格に基づいて対象資産の価値を計算する手法である。観察可能な市場価格や比較可能な市場取引が取得できた場合に用いられる。

② インカム・アプローチ

　インカム・アプローチは，無形資産評価における3つのアプローチの中で，最も一般的に用いられる。このアプローチでは，特定の無形資産の所有から生じると期待される経済的便益を識別し，その便益の現在価値で無形資産の公正価値を計算する必要がある。マーケティング関連無形資産においては，以下の3手法が一般的に用いられる。

（i）ロイヤリティ免除法（RFR）

　ロイヤリティ免除法（Relief From Royalty の頭文字をとって，RFR と省略されることが多い）は，時価算定の対象となる資産を取得することによるロイヤリティコスト削減効果の累積値に基づき対象資産の価値を計算する手法である。マーケティング関連無形資産の中では，商標や商号の価値の計算に利用される場合が多く，このアプローチは，企業が商標や商号を所有していればその使用料を支払う必要がないため，ロイヤリティの支払いが免除されるという概念に基づいている（具体的な評価プロセスやポイントは，「(3)①商標」参照）。

（ii）多期間超過収益法（MEEM もしくは MPEEM）

　多期間超過収益法（Multi-Period Excess Earning Method の頭文字をとって，MEEM もしくは MPEEM と省略されることが多い）は，事業全体の利益から時価算定の対象となる資産以外からもたらされる利益を控除することで，対象資産からもたらされる利益を抽出し，対象資産の価値を計算する手法である。このアプローチは，通常，最も重要な無形資産を評価する際に使われる。これは，この方法が実質的に残余キャッシュ・フロー・アプローチであるため

であり，商標や商号が最も重要な無形資産である場合に用いられる。

(iii) 利益差分法 (With or Without法)

利益差分法（英語では With or Without 法と呼ばれる）は，時価算定の対象となる資産が存在する場合と存在しない場合の事業価値の差額に基づき対象資産の価値を計算する手法である。マーケティング関連資産の中では，非競合契約の価値計算において利用されるケースが多い（具体的な評価プロセスやポイントは，「(3)②非競合契約」参照）。

③ コスト・アプローチ

コスト・アプローチは，通常，限定的にしか適用できないと考えられる。コスト・アプローチの前提は，投資家が無形資産に対してそれを再創出するための原価を超える対価を支払わないであろうということにある。しかし，ほとんどの無形資産について，コスト・アプローチに基づく評価額が「公正価値」の定義と整合することは稀であり，マーケティング関連無形資産をコスト・アプローチで評価するケースはほとんどみられない。

(i) 再調達原価法 (複製原価法)

時価算定の対象となる資産と同等のものを再調達または複製するためのコストに基づき対象資産の価値を計算する手法である。

個々の資産に対して，適用可能な方法が複数ある場合も多い。その選択はそれぞれの状況，特にその資産が企業にもたらす価値（すなわち，追加的収益，原価削減効果，取替えに要する時間および費用削減効果など）の性質に左右される。同じ資産に対して，1つはその資産を評価する主たるアプローチとして，もう1つはその妥当性の検証のためのアプローチとして，2つの方法が使用される場合もみられる。具体的には，商標や商号を，マーケット・アプローチの売買取引比較法とインカム・アプローチのロイヤリティ免除法の2つのアプロ

ーチで評価するケースである。

(3) マーケティング関連無形資産の評価プロセスとポイント

　以下では，マーケティング関連無形資産の中で認識されるケースが多い商標と非競合契約について，具体的な評価事例を確認しながら評価プロセスと評価ポイントを解説する。

① 商　標

　商標は，上述のとおり，インカム・アプローチの一手法であるロイヤリティ免除法が適用されるケースが多い。以下では，ロイヤリティ免除法の評価プロセスから確認する。

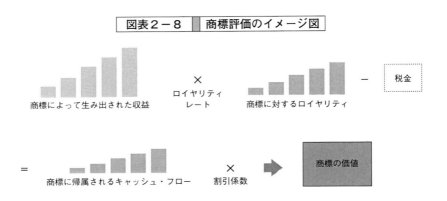

図表2－8　商標評価のイメージ図

(i) 評価プロセス

ロイヤリティ免除法の評価プロセスは以下のとおりである。

 対象商標から生み出される売上高または利益を特定する。

 対象商標の評価期間を推計する。

ステップ3 対象商標に適用するロイヤリティレートを決定する。

 第三者に支払うであろうロイヤリティコストを算出する。

 ステップ4で算定したロイヤリティコストから対象商標に帰属する税金を控除する。

 割引現在価値の計算を実施する。

 償却に係る節税効果(TAB)を考慮し,対象商標の公正価値を算出する。

ステップ1 対象商標から生み出される売上高または利益を特定する。

　まず,対象商標から生み出される(対象商標に帰属すると考えられる)売上高または利益を特定する。対象商標が商号(会社名)であれば売上高または利益を特定することは比較的容易であるが,商品名など,対象商標が買収した会社の一部資産である場合は,売上高または利益を特定することが困難なケースもみられる。また,特定した売上高または利益に取得企業固有のシナジーが含まれている場合,固有のシナジーを控除した売上高または利益を用いる必要が

ある点にも留意が必要である。

ステップ2　対象商標の評価期間を推計する。

　対象商標の評価期間を推計する際には，法的な権利保護期間のみならず，利用可能期間（経済的耐用年数）を考慮して決定する必要がある。商標の存続期間は，日本において設定登録の日から10年で終了するが，商標は，事業者の営業活動によって蓄積された信用を保護することを目的としているため，必要な場合には，存続期間の更新登録の申請によって10年の存続期間を何度でも更新することができる。したがって，商標の場合，法的な権利保護期間は永続と考えられるため，実務上も事業計画期間以降の価値を継続価値により考慮し，評価期間を定めないケースも多い。しかしながら，利用可能期間（経済的耐用年数）の観点からも当該前提による価値評価が妥当であるか再検討する必要がある。

ステップ3　対象商標に適用するロイヤリティレートを決定する。

　対象商標に類似するライセンス契約およびロイヤリティレートを抽出した上で分析を実施し，適用するロイヤリティレートを決定する必要がある。当該ステップがロイヤリティ免除法の肝であり，かつ最も慎重を要するプロセスであるため，「(ii)評価ポイント」で詳述する。

ステップ4　第三者に支払うであろうロイヤリティコストを算出する。

　第三者に支払うであろうロイヤリティコストとは，別の言い方をすると，商標を保有することにより第三者への支払いを免れるロイヤリティコスト削減額のことである。ロイヤリティコストはステップ1および2で特定した対象商標に係る売上高または利益に，ステップ3で決定したロイヤリティレートを乗じて算出する。

具体的な算定式は以下のとおり。

ロイヤリティコスト＝対象商標から生み出される売上高または利益×ロイヤリティレート

| ステップ5 | ステップ4で算定したロイヤリティコストから対象商標に帰属する税金を控除する。 |

　無形資産評価においては，通常キャッシュ・フローは税引後のものを用いるため，対象商標に帰属する税金を控除する。使用する税率は対象商標を保有する被取得企業の実効税率を使用するケースが一般的であるが，一般的な市場参加者の観点から対象商標に帰属する税金（税率）を決定する必要がある。

　具体的な算定式は以下のとおり。

税引後ロイヤリティコスト＝ロイヤリティコスト－税金

| ステップ6 | 割引現在価値の計算を実施する。 |

　割引現在価値は，対象商標の評価期間にわたる各年度のロイヤリティコストの現在価値を合計したものである。現在価値に割り引く際に適用する割引率を決定するにあたっては，将来ロイヤリティコストのリスクを考慮する必要がある（割引率の決定方法の詳細については，「10(2)割引率の検討」参照）。

| ステップ7 | 償却に係る節税効果(TAB)を考慮し，対象商標の公正価値を算出する。 |

　割引現在価値に償却に係る節税効果を加算し，対象商標の公正価値を算出する。日本においては，商標は税務上の10年間で償却するケースが一般的である（償却に係る節税効果（TAB）の計算方法については，「10(3)償却に係る節税効果の考慮」参照）。

(ii) 評価ポイント

　上述のとおり，ロイヤリティ免除法においては，対象商標に適合するロイヤリティレートをいかに決定するかが最も重要なプロセスと考えられる。ロイヤリティレートは，主に下記の要素を検討した上で総合的に判断し決定する必要がある。なお，ロイヤリティには，ランニングロイヤリティ，ランプサム（一括払い），イニシャルペイメント，およびマイルストーンペイメントなどさまざまな支払方法が存在するが，実務上はランニングロイヤリティを前提としたロイヤリティレートを使用するのが一般的である。

対象商標の市場シェア，認知度，および競合商標と比較してのブランド力など

　対象商標の市場シェア，認知度およびブランド力が高ければ，より高いロイヤリティレートを支払う必要があると，一般的に考えられる。

取得企業や被取得企業が締結している（または締結していた）ライセンス事例

　商標は個別性が高く，対象商標に類似した商標のライセンス事例を取得できないケースも多い。したがって，取得企業や被取得企業が現在締結している，もしくは過去締結していたライセンス事例が，対象商標のロイヤリティレートを決定する際の重要な参考資料として用いられる。

取得企業や被取得企業へのマネジメントヒアリング

　取得企業や被取得企業のマネジメントは，対象商標が属する業界に対して豊富な知見・経験を有しており，ロイヤリティレート決定にあたって参考となる情報を入手できることも多い。

類似した商標のロイヤリティレート

　ロイヤリティレートは，有料の情報ベンダー，「実施料率（第5版)」（社団法人発明協会研究センター）および「知的財産の価値評価を踏まえた特許等の活用の在り方に関する調査研究報告書～知的財産（資産）価値およびロイヤル

ティ料率に関する実態把握～」（経済産業省）から入手することができる。参考までに Royalty Source から取得したロイヤリティ事例のイメージ図を挙げると図表2－9のとおりである。

図表2－9 ┃ 類似商標のロイヤリティ事例

No.	ライセンサー	ライセンシー	レート(低)	レート(高)	対象指標
1	A社	F社	4.0%	4.0%	純売上高
2	B社	G社	1.0%	5.0%	売上高
3	C社	H社	1.0%	1.0%	注文売上とサービスフィー
4	D社	I社	3.0%	5.0%	売上高
5	E社	J社	3.0%	3.0%	純売上高
		最低値	1.0%	1.0%	
		最高値	4.0%	5.0%	
		全平均	2.4%	3.6%	
		中央値	3.0%	4.0%	

被取得企業の利益率（実績および計画）

　ロイヤリティレートは，第三者に支払うであろうロイヤリティコストの基礎をなすものである。したがって，ロイヤリティ支払前の被取得企業の営業利益率よりロイヤリティレートが高い場合は，ロイヤリティレートが整合していない（高すぎるロイヤリティレートが設定されている）と考えられる。

　なお，根拠については必ずしも明確ではないものの，無形資産のライセンス交渉においては「ルール・オブ・サム」と呼ばれる経験則が存在し，ロイヤリティ支払前の会社の営業利益率の1/4～1/3（25％ルール，もしくは33％ルールと呼ばれることもある）を無形資産の支払ロイヤリティレートとして設定することがある。

60

設例2－1　商標の価値評価（ロイヤリティ免除法の適用例）

事例および前提条件

　小売業であるＡ社を買収したが，その目的の１つはＡ社の商標権の利用価値にあり，当該商標の価値は重要性が高いものと判断された。

- 商標から生み出される売上高は，取得企業が作成した３か年事業計画の数値を使用した。４年目以降の売上高については３年後の売上高水準が継続することを想定した。
- Ａ社の商標に関するロイヤリティレートは，Royalty Source の事例などを参考に２％と推計した。
- 実効税率は30％と想定した。
- 商標の割引率は，WACC と WARA の整合性，および商標の相対的なリスクを勘案し12％と推計した。
- 割引計算に際しては，期央主義（期央時点にキャッシュ・フローが生じる）と想定した。
- 償却に係る節税効果（TAB）の償却期間は，日本においては，商標は税務上10年間で償却するケースが一般的であることから10年とした。

商標

【前提条件】

ロイヤリティレート	2.0%
実効税率	30.0%
割引率	12.0%
節税効果償却期間	10年

第2章　無形資産評価の実務　61

単位：百万円		X1年	X2年	X3年	継続価値
売上高		10,000	11,000	12,000	12,000
ロイヤリティコスト		200	220	240	240
税率		30.0%	30.0%	30.0%	30.0%
税金		(60)	(66)	(72)	(72)
税引後ロイヤリティ節減額		140	154	168	168
継続価値					1,400
割引期間（年数）		0.50	1.50	2.50	2.50
割引係数		0.945	0.844	0.753	0.753
各期間の現在価値		132	130	127	1,055
現在価値合計	1,443				
償却に係る節税効果	316				
評価額	1,759				

(iii)　商標の個別論点

　対象となる商号（商標）に「三菱」，「三井」，「住友」などの財閥名や「日立」，「NTT」などの有力企業名が含まれるケースがみられる。その場合，対象商号（商標）の評価においてどのように取り扱えばよいかが論点となる。

　筆者の過去経験からは，通常高いロイヤリティレートを支払って使用するべき価値のある商号（商標）を，無償もしくは非常に低いロイヤリティレートの支払いにて使用できていると考えられるため，「商号（商標）の使用権」という形で評価できると考える。しかしながら，財閥名や有力企業名の使用にあたっては，別途グループ委員会の承認を必要とするケースが多いことから，一般的な市場参加者の想定いかんによっては，無形資産として認識することが難しいと考える評価会社もあるため，買収案件の内容や性質を個別に検討する必要がある。

② 非競合契約

非競合契約は，インカム・アプローチの一手法である利益差分法を使用して評価されるケースが多い。

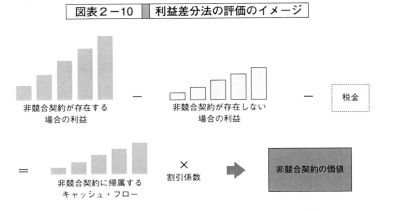

図表2－10　利益差分法の評価のイメージ

（参考：企業価値評価ガイドライン）

i　評価プロセス

利益差分法の評価プロセスは以下のとおりである。

| ステップ1 | 非競合契約が存在する場合と存在しない場合に生み出される標準的な利益の差額を見積る。 |

| ステップ2 | 非競合契約の評価期間を推計する。 |

| ステップ3 | ステップ1および2で算定した利益差額から非競合契約に帰属する税金を控除する。 |

| ステップ4 | 割引現在価値の計算を実施する。 |

第2章　無形資産評価の実務　63

| ステップ5 | 償却に係る節税効果（TAB）を考慮し，対象非競合契約の公正価値を算出する。 |

| ステップ1 | 非競合契約が存在する場合と存在しない場合に生み出される標準的な利益の差額を見積る。 |

　取得企業は，一般的に，買収時において非競合契約を締結した上での事業運営を想定していると考えられる。したがって，非競合契約が存在する場合の事業計画は，取得企業が買収時に策定した事業計画（もちろん，取得企業固有のシナジーが考慮されているのであれば，シナジー分を除外する必要はある）を用いればよいのだが，非競合契約が存在しない場合の事業計画をどのように推計するかは非常に悩ましい。これは取得企業および被取得企業のマネジメントが通常想定していない，非競合契約が存在しない場合の被取得企業の売上高や利益への影響や，実際に競合が生じる可能性を推計することになるためである。評価実務上は，被取得企業の売上高や利益への影響や競合が生じる可能性については，取得企業や被取得企業のマネジメントへのヒアリングに基づき推計することになる。推計にあたっての基礎データを取得できないケースも多いため，評価人は，当該推計が根拠のある最善の見積りになっているかどうか慎重に検討する必要がある。

| ステップ2 | 非競合契約の評価期間を推計する。 |

　非競合契約の評価期間を推計する際には，取得企業と被取得企業の間で締結した契約内容やその他の法律によって，評価期間が制限されているかを確認する必要がある。

| ステップ3 | ステップ1および2で算定した利益差額から非競合契約に帰属する税金を控除する。 |

　無形資産評価においては，通常，税引後のキャッシュ・フローを用いるため，

非競合契約に帰属する税金を控除することとなり，商標同様，被取得企業の実効税率を使用するケースが一般的である。

| ステップ4 | 割引現在価値の計算を実施する。 |

　割引現在価値は，非競合契約の評価期間にわたる各年度の利益差額の現在価値を合計したものである。現在価値に割り引く際に適用する割引率の決定にあたっては，将来利益差額のリスクを考慮する必要がある（割引率の決定方法の詳細については，「10(2)割引率の検討」参照）。

| ステップ5 | 償却に係る節税効果（TAB）を考慮し，非競合契約の公正価値を算出する。 |

　割引現在価値に償却に係る節税効果を加算し，非競合契約の公正価値を算出する。日本においては，非競合契約は税務上の営業権と同じ5年間で償却するケースが一般的である（償却に係る節税効果（TAB）の計算方法については，「10(3)償却に係る節税効果の考慮」参照）。

| 設例2-2 | 非競合契約の価値評価（利益差分法の適用例） |

事例および前提条件

　電気機器製造業であるA社を買収したが，A社のマネジメントは本買収の実施と同時に退職する予定である。A社マネジメントの能力は非常に高く，退職後A社の競合先となるB社を設立する可能性があるため，A社はA社マネジメントと非競合契約を締結することとした。

- 非競合契約が存在する場合と非競合契約が存在しない場合の利益を取得企業およびA社マネジメントへのヒアリングに基づき想定した。なお，非競合契約の契約期間は5年間である。
- 実効税率は30％と想定した。

第2章 無形資産評価の実務 65

- 非競合契約の割引率は，WACC と WARA の整合性，および非競合
  契約の相対的なリスクを勘案し9％と推計した。
- 割引計算に際しては，期央主義（期央時点にキャッシュ・フローが生
  じる）と想定した。
- 償却に係る節税効果（TAB）の償却期間は，日本においては，非競
  合契約は税務上5年間で償却するケースが一般的であることから5年
  とした。

非競合契約

【前提条件】

実効税率	30.0%
割引率	9.0%
節税効果償却期間	5年

単位：百万円		X1年	X2年	X3年	X4年	X5年
非競合契約が存在する場合		500	600	650	700	720
非競合契約が存在しない場合		300	350	400	450	500
キャッシュ・フローの差額		200	250	250	250	220
税率		30.0%	30.0%	30.0%	30.0%	30.0%
税金		(60)	(75)	(75)	(75)	(66)
税引後キャッシュ・フロー		140	175	175	175	154
割引期間（年数）		0.50	1.50	2.50	3.50	4.50
割引係数		0.958	0.879	0.806	0.740	0.679
各期間の現在価値		134	154	141	129	104
現在価値合計	663					
償却に係る節税効果	214					
評価額	876					

5 顧客関連無形資産の評価方法

(1) 顧客関連無形資産の概要

　顧客関連無形資産としては，顧客リスト，注文または製品受注残高，顧客契約および関連する顧客関係，および契約に基づかない顧客関係の4つが例示として挙げられている。

① 顧客リスト

　顧客リストは，顧客先名および連絡先情報などの顧客についての情報から構成される。また，顧客リストは，顧客の注文履歴や人口統計上の情報など，顧客についてのその他の情報を含むデータベースの形であることもある。通常，顧客リストは契約上またはその他の法律上の権利から生じるものではない。しかし，顧客リストは，しばしば貸与されたり交換されたりする。したがって，企業結合で取得される顧客リストは，通常，分離可能性要件を満たす。しかしながら，IFRS 3. B33項にも記載のとおり，守秘義務またはその他の取り決めにより，企業が顧客の情報を売却，リースまたは交換することを禁止されている場合には，企業結合で取得した顧客リストは分離可能性要件を満たさないため，日本での企業結合においては，「個人情報保護法」の取扱いについて確認する必要がある。

② 注文または製品受注残高

　注文または製品受注残高は，購入または販売注文などの契約から生じる。企業結合で取得される注文または製品受注残高は，その購入または販売が取り消されうるとしても，契約・法的要件を満たす。

③ 顧客契約および関連する顧客関係

　企業が契約によって顧客との関係を確立した場合，それらの顧客関係は契約

上の権利から生じる。したがって，企業結合によって取得された顧客契約および顧客関係は，機密保持その他の契約条項により，契約を被取得企業と別個に売却または移転することが禁止されていても，契約・法的要件を満たすと考えられる。顧客関係は，(a)企業が顧客についての情報を保有し，顧客との間で定期的なコンタクトを有し，かつ，(b)顧客が企業と直接的なコンタクトを行う能力を有している場合に，企業と顧客との間で存在する。企業結合日において契約が存在するか否かにかかわらず，企業が顧客との間で契約を締結する慣行を有している場合には，顧客関係は契約・法的要件を満たす。また，顧客関係は販売またはサービスの代表者による定期的なコンタクトなどを通じた，契約以外の方法によっても生じることもある。

④　契約に基づかない顧客関係

　企業結合で取得された契約から生じない顧客関係は，その関係が分離可能であるために識別可能である場合がある。他の企業が，契約に基づかない特定の種類の顧客関係を売却したか，または移転を行ったことを示す同一の資産または類似の資産の交換取引は，その関係が分離可能であるということの証拠を提供すると考えられる。

(2)　顧客関連無形資産の評価方法

　一般的に顧客関連無形資産の評価実務において使用される評価手法としては，以下のような方法が挙げられる。

①　マーケット・アプローチ

　マーケット・アプローチは，資産の活発な市場がある場合には最も望ましいアプローチと考えられる。しかし，マーケティング関連無形資産と同様，顧客関連無形資産についても，実務的にはマーケット・アプローチを使用できる状況は非常に限定的であると考えられるため，ほとんど適用されない。

② インカム・アプローチ

「4⑵マーケティング関連無形資産の評価方法」でも記載したとおり，インカム・アプローチの代表的な手法として，①ロイヤリティ免除法，②多期間超過収益法，および③利益差分法の3つの評価手法がある。その中でも顧客関連無形資産において最も一般的に使用される多期間超過収益法（MEEM もしくは MPEEM）について，「5⑶①顧客契約」にて評価プロセスとポイントを詳述することとする。

③ コスト・アプローチ

マーケティング関連無形資産と同様，顧客関連無形資産についてもコスト・アプローチを使用できる状況は非常に限定的であり，適用されるケースは稀である。

⑶ **顧客関連無形資産の評価プロセスとポイント**

顧客関連無形資産の中で認識されるケースが多い顧客契約および注文または製品受注残高について，具体的な評価事例を確認しながら，評価プロセスと評価ポイントを解説する。なお，顧客契約および注文または製品受注残高については，評価手法としては，多期間超過収益法（MEEM もしくは MPEEM）を使用するケースが一般的である。多期間超過収益法は，算定対象の無形資産が使用されている事業全体の利益から，運転資本，有形固定資産など当該無形資産以外の資産に求められる期待収益を控除した残余利益を算定し，その割引現在価値により算定する手法である。

① 顧客契約

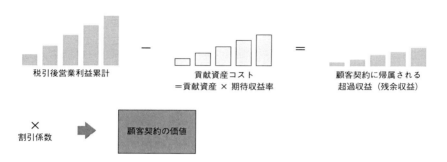

図表2-11　顧客関連無形資産の評価イメージ

(i) 評価プロセス

たとえば，顧客契約の無形資産について多期間超過収益法で計算する場合の評価プロセスは，以下のとおりである。

 既存顧客から生み出すことが期待される将来収益を推計する。

 対象となる顧客契約の評価期間を推計する。

 関連する支払コストおよび税金支出を控除し，既存顧客から生じる税引後利益を算出する。

 貢献資産コストを算出する。

 税引後利益から貢献資産コストを控除し，顧客契約に帰属する利益を特定する。

 割引現在価値の計算を実施する。

| ステップ7 | 償却に係る節税効果（TAB）を考慮し，顧客契約の公正価値を算出する。 |

| ステップ1 | 既存顧客から生み出すことが期待される将来収益を推計する。 |

　評価対象となる顧客は，企業結合日時点に存在する顧客（既存顧客）である。

　将来の事業計画をベースに推計する場合，既存顧客が永久に存在するとは考えられず，また，既存顧客の維持も企業結合日以降の取得企業の営業努力などによるものと考えられることから，既存顧客から生み出すことが期待される将来収益は，顧客減少率（もしくは顧客減耗率）に基づき減少していくと考えられる。

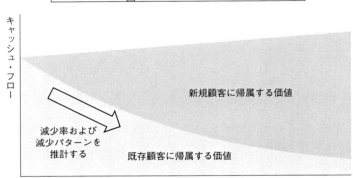

図表2-12　新規／既存顧客に帰属する価値

　顧客減少率（もしくは顧客減耗率）の考え方は，多期間超過収益法に特有の考え方であるため，「(ii)評価ポイント」で詳述する。

第2章　無形資産評価の実務　71

ステップ2　対象となる顧客契約の評価期間を推計する。

　ステップ1で推計する顧客減少率（もしくは顧客減耗率）を適用した上で，顧客契約の評価期間を推計するケースが一般的である。減少率として定額法もしくは定率法のどちらを適用するかは，対象となる顧客契約の内容を考慮する必要がある。

ステップ3　関連する支払コストおよび税金支出を控除し，既存顧客から生じる税引後利益を算出する。

　ステップ1および2から推計した既存顧客からの収益に紐付く支払コストおよび税金支出を控除し，既存顧客から生じる税引後利益を算出する。また，既存顧客に係る支払コストのみを控除する必要があるため，新規顧客獲得に係るコスト（営業員に係るコストや広告宣伝費の一部など）は足し戻し，調整する必要がある。

ステップ4　貢献資産コストを算出する。

　貢献資産コストはキャピタルチャージとも呼ばれる。貢献資産コストは，当該収益を生み出すために使用される運転資本，有形固定資産，その他の無形固定資産，および労働力などの人的資産に係るコストを指し，一般的に各資産の公正価値に各資産の期待収益率を乗じて計算する。

　具体的な算定式は以下のとおり。

> 貢献資産コスト＝運転資本，有形・無形固定資産，および労働力の公正価値×各資産の期待収益率

　顧客減少率（もしくは顧客減耗率）と同様に，貢献資産コストも多期間超過収益法に特有の考え方であり，概念的にも理解し難いため，「(ii)評価ポイント」にて詳述する。

| ステップ5 | 税引後利益から貢献資産コストを控除し，顧客契約に帰属する利益を特定する。 |

ステップ3で算定した税引後利益から，ステップ4で算定した貢献資産コストを控除し，顧客契約に帰属する利益（残余利益）を算出する。

具体的な算定式は以下のとおり。

顧客契約に帰属する利益＝税引後利益－貢献資産コスト

| ステップ6 | 割引現在価値の計算を実施する。 |

割引現在価値は，ステップ5により算定した評価期間にわたる各年度の既存顧客に帰属する利益の現在価値を合計したものである。現在価値に割り引く際に適用する割引率の決定にあたっては，既存顧客に帰属する利益のリスクを考慮する必要がある（割引率の決定方法の詳細については，「10(2)割引率の検討」参照）。

| ステップ7 | 償却に係る節税効果（TAB）を考慮し，顧客契約の公正価値を算出する。 |

割引現在価値に償却に係る節税効果を加算し，顧客契約の公正価値を算出する。日本においては，顧客契約は税務上の営業権と同じ5年間で償却するケースが一般的である（償却に係る節税効果（TAB）の計算方法については，「10(3)償却に係る節税効果の考慮」参照）。

(ii) 評価ポイント

顧客減少率（もしくは顧客減耗率）の考え方

顧客減少率は，企業結合日時点に存在する顧客の価値が，時間の経過とともに，顧客の剥離もしくは取得企業の営業努力などによる価値の移転を通じて，減少していくことを反映させるものである。その意味では，建物や動産（機械

設備）などの有形固定資産の減価償却期間の見積りと類似した考え方ではあるが，無形資産は建物や動産（機械設備）のように目に見えるものではなく，また過去の使用期間の実績をエビデンスとして入手することが困難な点において，より慎重な検討が必要となる。

評価実務上，顧客減少率を検討する際には，以下の情報を入手する必要がある。

(a) 主要な顧客との顧客契約内容（契約日，契約期間，契約条件，契約の更新・解除条件，契約の過去更新回数，および独占的な契約であるか否かなど）
(b) 企業結合日以前の過去3〜5年間の顧客数および顧客別の売上高・営業利益推移
(c) 取得企業および被取得企業のマネジメントに対する，既存顧客との関係についての定性面のヒアリング
(d) 取得企業および被取得企業が作成した中期事業計画における既存顧客からの売上高および営業利益の予測

多期間超過収益法はインカム・アプローチであることから，(d)将来の収益予測が最も重要な資料・データとなる。しかしながら，(d)の資料については取得企業および被取得企業とも作成していないケースが多いため，(a)〜(c)の情報を入手の上，被取得企業と顧客との契約内容を理解し，顧客との結びつき，関係の強さを確認することになる。顧客との結びつき，関係が強く，今後も長期間にわたり安定した売上高が見込まれる顧客であれば，顧客減少率は低くなり，顧客との結びつき，関係が弱く，他クライアントへの乗換えなどにより比較的短期間で契約終了が見込まれる顧客の場合，顧客減少率は高い値を設定することになる。

貢献資産コストの考え方

多期間超過収益法が，算定対象の無形資産が使用されている事業全体の利益から，運転資本，有形固定資産など当該無形資産以外の資産に求められる期待収益を控除した残余利益を算定する手法であることからも，貢献資産コストの

推計は極めて重要なプロセスである。

貢献資産コストは，運転資本，有形・無形固定資産，および労働力の公正価値×各資産の期待収益率により算定されるが，実務上は，特に以下の点を確認する必要がある。

(a) すべての貢献資産が考慮されているか

残余利益を算定することからもわかるとおり，無形資産が使用されている事業に必要となるすべての資産を特定・抽出の上，貢献資産に反映させないと，算定対象となる無形資産が適切に評価されない。事業を行う上で，一般的には，運転資本，有形・無形固定資産および労働力が必要になるが，場合によっては，顧客契約以外の識別・評価対象となった無形資産（たとえば商標，非競合契約や特許権など）も事業に必要な貢献資産として考慮するケースもあるため，すべての貢献資産が反映されているか確認する。

(b) 使用されている貢献資産は公正価値か

多期間超過収益法は，算定対象の無形資産以外の資産・負債の公正価値が特定されていることが前提となっている。したがって，貢献資産はすべて公正価値を使用する必要がある。PPA（取得原価配分）作業の過程の中で，棚卸資産や有形固定資産（不動産および動産（機械設備））の公正価値を算出するケースもあるが，その場合は，被取得企業の簿価ではなく，公正価値を使用する必要がある。

(c) 各資産に適用する期待収益率は適切か

各資産に適用する期待収益率は，それぞれの資産のリスクを反映したものである必要がある（詳細は「10(2)③ WARA」参照）。

なお，図表 2 - 13「貢献資産コスト」の算出において使用した期待収益率は以下のとおりである。

運転資本：1.5%，固定資産：3.0%，労働力：8.0%

第2章　無形資産評価の実務　75

| 図表2−13 | 貢献資産コスト（税引後，対売上高比） |

【前提】

税率	30.0%

期待収益率	税引後
運転資本	1.5%
固定資産	3.0%
労働力	8.0%

単位：百万円

売上高	8,000
運転資本	1,067
コスト（税引後）	16
対売上高比	0.2%
固定資産	1,333
コスト（税引後）	40
対売上高比	0.5%
労働力	1,200
コスト（税引後）	96
対売上高比	1.2%
商標	
ロイヤリティレート（税引後）対売上高比	0.7%
貢献資産コスト合計	2.6%

(d)　「Return on assets」と「Return of assets」の両方のコストが考慮され
た残余利益が算出されているか

　有形固定資産の貢献資産コストには，「Return on assets」と「Return of
assets」の2種類が存在すると考えられる。「Return on assets」は，各資産の
公正価値に対する期待収益率に相当するものであり，上述のとおりである。

　一方，「Return of assets」は資産の陳腐化に対するコストを意味するもので，
資産の減価償却費に相当するものである。「Return of assets」に係るコストに
ついては，通常，減価償却費として，将来の支払コスト（営業費用）の一部と
して事業計画に織り込まれており，ステップ3の算出過程で控除される。しか
しながら，実務上，ステップ3をEBITDAなどの償却前利益をベースに算出

するケースもあるため，その場合は，減価償却費を「Return of assets」として，貢献資産コストとして控除する必要がある。

設例2-3　顧客契約の価値評価（多期間超過収益法の適用例）

事例および前提条件

　ソフトウェア会社であるA社を買収したが，その目的の1つはA社が保有する顧客契約（顧客との関係）の取得にあり，当該顧客契約の価値は重要性が高いものと判断された。

- 顧客契約から生み出される売上高は，取得企業が作成した5か年事業計画の数値を使用した。6年目以降の売上高については5年後の売上高水準が毎期1.0%成長すると想定した。
- 顧客契約の減少率は，過去の顧客数の推移やマネジメントヒアリングに基づき，毎期15%ずつ減少していくと想定した。
- 被取得企業のマネジメントヒアリングに基づけば新規顧客獲得に係るコストは僅少とのことから，営業利益率を使用した。
- 実効税率は30%と想定した。
- 事業に貢献している資産として運転資本，固定資産，労働力および商標を想定した。資産ごとの貢献資産コストは前掲図表2-13を参照。なお商標のロイヤリティレートは税引前1.0%（税引後0.7%）を想定した。
- 顧客契約の割引率は，WACCとWARAの整合性，および顧客契約の相対的なリスクを勘案し14%と推計した。
- 割引計算に際しては，期央主義（期央時点にキャッシュ・フローが生じる）と想定した。
- 償却に係る節税効果（TAB）の償却期間は，日本においては，顧客契約は税務上5年間で償却するケースが一般的であることから5年とした。

第2章　無形資産評価の実務　77

顧客契約

【前提条件】

顧客減少率（定率法）	15.0%
実効税率	30.0%
割引率	14.0%
計画期間以降の売上高成長率	1.0%
貢献資産コスト	
運転資本	0.2%
固定資産	0.5%
労働力	1.2%
商標	0.7%
節税効果償却期間	5 年

単位：百万円		X1年	X2年	X3年	X4年	X5年	X6年	X20年
売上高		8,000	9,000	10,000	10,000	10,000	10,100	11,610
減少率		92.5%	78.6%	66.8%	56.8%	48.3%	41.0%	4.2%
減少率考慮後売上高		7,400	7,076	6,683	5,681	4,829	4,145	490
営業利益		333	354	368	312	266	228	27
税率		30.0%	30.0%	30.0%	30.0%	30.0%	30.0%	30.0%
税金		(100)	(106)	(110)	(94)	(80)	(68)	(8)
税引後営業利益		233	248	257	219	186	160	19
貢献資産コスト 計		(192)	(184)	(174)	(148)	(126)	(108)	(13)
運転資本		(15)	(14)	(13)	(11)	(10)	(8)	(1)
固定資産		(37)	(35)	(33)	(28)	(24)	(21)	(2)
労働力		(89)	(85)	(80)	(68)	(58)	(50)	(6)
商標		(52)	(50)	(47)	(40)	(34)	(29)	(3)
顧客関係に帰属する営業利益		41	64	84	71	60	52	6
割引期間（年数）		0.50	1.50	2.50	3.50	4.50	5.50	19.50
割引係数		0.937	0.822	0.721	0.632	0.555	0.486	0.078
各期間の現在価値		38	52	60	45	33	25	0
現在価値合計	332							
償却に係る節税効果	94							
評価額	425							
営業利益率		4.5%	5.0%	5.5%	5.5%	5.5%	5.5%	5.5%

(iii) 顧客契約の個別論点

クロスキャピタルチャージの回避

多期間超過収益法は，算定対象の無形資産以外の公正価値が特定されていることが前提となっているため，多期間超過収益法を用いて複数の無形資産を評価することはできない。複数の無形資産を多期間超過収益法で評価した場合，クロスキャピタルチャージの問題が発生する。たとえば，顧客契約と特許権の両方の無形資産を多期間超過収益法で評価した場合，顧客契約の貢献資産として特許権が，特許権の貢献資産として顧客契約が存在することになり，貢献資産コストの算出において反復計算などの複雑な計算が必要となる。

クロスキャピタルチャージを回避するための手段としては，(a)収益や利益を各無形資産に分離する，もしくは(b)貢献資産を1つの無形資産のみに使用する（上記の例では，顧客契約の貢献資産として特許権，特許権の貢献資産として顧客契約が考えられるが，より貢献している割合が大きい特許権のみを考慮し，特許権の貢献資産として顧客契約を含めないなど）が考えられる。

実務上は，できる限りクロスキャピタルチャージの発生を避けるべきと考えられるため，複数の無形資産に多期間超過収益法を使用しない，たとえば特許権の評価手法を多期間超過収益法からロイヤリティ免除法に変更するなどの対応も検討すべきである。

棚卸資産の公正価値評価の調整

棚卸資産の公正価値評価により，顧客契約の評価に使用する売上原価を調整する場合がある。これは棚卸資産の公正価値評価により，企業結合日以降の売上原価率が当初の事業計画と変更になることを反映するためである。

取得企業と被取得企業で顧客が重複する場合

同業他社を買収する場合に発生するケースが多いが，取得企業と被取得企業の間で顧客が重複する場合の取扱いについて考えてみたい。一般的には，このような状況においても，重複する顧客との顧客契約を無形資産として認識する

必要があると考える。これは，取得企業と被取得企業が当該顧客について競合
している場合，取得企業は被取得企業分の枠を増やすことができ，また一般的
な市場参加者の観点から考えても，想定される取得企業のすべての顧客が重複
しているとは考えられないためである。

取得企業が被取得企業の主な顧客である場合

　次に，商社による出資案件や，メーカー同士で垂直統合を目指す買収時に発
生する，取得企業が被取得企業の顧客であるケースを考えてみたい。一般的な
市場参加者の観点から考えると，被取得企業が保有する顧客契約として認識す
べきと考えられる。一方，売上／仕入や債権債務と同じグループ内取引と考え
ると，取得企業の貸借対照表に，取得企業との顧客契約が認識されることにな
り不整合が生じる。過去，国際財務報告基準上も一般的な市場参加者の観点と
グループ内取引の観点のどちらを重視するかについて統一が図られていなかっ
たが，2010年11月に発行された IFRIC Update を確認する限り，グループ内取
引の観点をより重視し，取得企業が被取得企業の顧客の場合，顧客契約は認識
しないと考えるのが一般的な取扱いとなっている。

② 注文または製品受注残高

　注文または製品受注残高は，顧客契約の一部を構成するものであるが，よく
認識される無形資産であるため，顧客契約評価との相違点や評価におけるポイ
ントを中心に説明する。

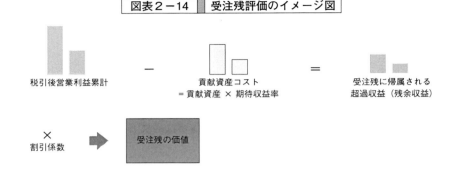

(i) 評価プロセス

ステップ1～7の基本的なプロセスは「顧客契約」と同様である。ただし，注文または製品受注残高は，既存顧客から得られると見込まれる収益の一部と考えられることから，注文または製品受注残高を評価する場合は，顧客契約の収益から当該部分を控除し，二重計上とならないように注意する必要がある。

(ii) 評価ポイント

注文または製品受注残高に使用する割引率

ステップ6にて，注文または製品受注残高に帰属する利益のリスクを考慮した割引率を設定する必要がある。注文または製品受注残高は，すでに受注済みの契約であり，一般的に売上計上までの期間も数週間から長くても1，2年程度と短いため，顧客契約よりもリスクが低い無形資産と考えられ，顧客契約よりも低い割引率を使用するケースが一般的である。

注文または製品受注残高に使用する償却期間

上述のとおり，注文または製品受注残高は，売上計上までの期間が短いことが多く，無形資産の償却期間も対応する形で短いことが多い。したがって，取得企業にとって，想定外の無形資産の償却インパクトが発生するケースがある点に留意が必要である。

第2章　無形資産評価の実務　81

設例2-4　注文または製品受注残高の価値評価（多期間超過収益法の適用例）

事例および前提条件

　プラント納入会社であるＡ社を買収したが，Ａ社は企業結合日時点において多額の受注残高を保有していることから，当該受注残の価値は重要性が高いものと判断された。

- 受注残高から生み出される売上高（今後２年間）の売上見込みを使用した。
- 被取得企業のマネジメントヒアリングによれば，新規顧客獲得に係るコストは売上高の１％であることから，営業利益率に１％を加算した調整後営業利益率を使用した。
- 実効税率は30％と想定した。
- 事業に貢献している資産として運転資本，固定資産，および労働力を想定し，各資産に係る貢献資産コストを推計した。
- 受注残の割引率は，WACC と WARA の整合性，および受注残の相対的なリスクを勘案し４％と推計した。
- 割引計算に際しては，期央主義（期央時点にキャッシュ・フローが生じる）と想定した。
- 償却に係る節税効果（TAB）の償却期間は，日本においては，受注残は税務上５年間で償却するケースが一般的であることから５年とした。

注文または製品受注残高

【前提条件】

実効税率	30.0%
割引率	4.0%
貢献資産コスト	
運転資本	1.3%
固定資産	2.5%
労働力	1.7%
節税効果償却期間	5年

単位：百万円		X1年	X2年
売上高		7,500	3,000
調整後営業利益		975	480
税率		30.0%	30.0%
税金		(293)	(144)
税引後営業利益		683	336
貢献資産コスト 計		(413)	(165)
運転資本		(98)	(39)
固定資産		(188)	(75)
労働力		(128)	(51)
受注残に帰属する営業利益		270	171
割引期間（年数）		0.50	1.50
割引係数		0.981	0.943
各期間の現在価値		265	161
現在価値合計	426		
償却に係る節税効果	159		
評価額	585		
営業利益率		12.0%	15.0%
新規顧客獲得に係るコスト		1.0%	1.0%
調整後営業利益率		13.0%	16.0%

6 芸術関連無形資産の評価方法

(1) 芸術関連無形資産の種類

　芸術関連無形資産は，著作権や個別契約によって保護されており，かつ世間一般に創造性が認められ，経済的収益を生むことが可能な資産である。我が国においては，現在のところ無形資産に係る包括的な会計基準が存在しないため，識別可能な無形資産についての例示が限定的であり，芸術関連無形資産についても具体的な例が示されているわけではない。しかしながら，「2　PPAで識別される無形資産の種類」で述べたとおり，IFRS第3号およびASC805においては，契約・法的要件を満たす無形資産として，図表2－15で示す芸術関連無形資産を例示している。

図表2－15　芸術関連の無形資産

a. 演劇，オペラ，バレエ
b. 書籍，雑誌，新聞，その他文芸作品
c. 作曲，作詞，コマーシャルソング等の音楽作品
d. 写真，絵画
e. 映画またはフィルム，音楽テープおよびテレビ番組を含むビデオおよび視聴覚データ

　芸術関連無形資産を保有している業種は，音楽，出版，映画関連等に限られるが，日本基準においても，図表2－15のような無形資産が会社の収益に大きく貢献している場合は，無形資産として認識する必要がある。

(2) 著作権

　芸術関連無形資産の裏付けとなる権利は，著作権や個別契約により保護されている。個別契約は，契約期間等のさまざまな条件が個別に設定されているので，個々の契約条件を評価に反映すれば十分である。一方で，著作権は著作者

が著作物を創作したときに自動的に発生する。したがって，著作権によって裏付けられる芸術関連無形資産について評価を行う場合には，著作権がどのような権利であるか把握する必要がある。

著作権とは，知的財産権の１つとして，著作権法によって保護されている権利である。また，著作者に対して，著作権の対象である著作物を排他的に利用する権利を与えている。

ここでは，著作権の種類，著作者の権利，著作隣接権，保護期間等について説明する。

① **著作物の種類**

著作物とは，思想または感情を創作的に表現したものであって，文芸，学術，美術または音楽の範囲に属するものである。具体例は，図表２－16に示すとおりである。なお，著作物とは，他人が知ることができるように外部に表現した

図表２－16　著作物の種類

言語の著作物	論文，小説，脚本，詩歌，俳句，講演など
音楽の著作物	楽曲および楽曲を伴う歌詞
舞踊，無言劇の著作物	日本舞踊，バレエ，ダンスなどの舞踊やパントマイムの振り付け
美術の著作物	絵画，版画，彫刻，漫画，書，舞台装置など（美術工芸品も含む）
建築の著作物	芸術的な建造物（設計図は図形の著作物）
地図，図形の著作物	地図と学術的な図面，図表，模型など
映画の著作物	劇場用映画，テレビ映画，ビデオソフト，ゲームソフトなど
写真の著作物	写真，グラビアなど
プログラムの著作物	コンピュータ・プログラム
二次的著作物	上表の著作物（原著作物）を翻訳，編曲，変形，翻案（映画化など）して作成したもの
編集著作物	百科事典，辞書，新聞，雑誌，詩集など
データベースの著作物	編集著作物のうち，コンピュータで検索できるもの

ものであるため，たとえばアイデア自体は著作物ではなく，アイデアを解説した解説書が著作物となる。また，名画を写真複製しても，そこには新たな創作性がなく，その写真について新たな著作権は発生しないとされる。

② **著作者**

著作者とは，著作物を創作した者をいう。共同著作物については，共同で創作に寄与した者全員が1つの著作物の著作者となる。

著作者の権利は，人格的な利益を保護する著作者人格権および財産的な利益を保護する著作財産権の2つに分かれる。著作者人格権は，著作者だけが持っ

図表2－17 著作財産権の種類

複製権	著作物を印刷、写真、複写、録音、録画などの方法によって有形的に再製する権利
上演権・演奏権	著作物を公に上演したり、演奏したりする権利
上映権	著作物を公に上映する権利
公衆送信権・伝達権	著作物を自動公衆送信したり、放送したり、有線放送したり、また、それらの公衆送信された著作物を受信装置を使って公に伝達する権利 ＊自動公衆送信とは、サーバーなどに蓄積された情報を公衆からのアクセスにより自動的に送信することをいい、また、そのサーバーに蓄積された段階を送信可能化という。
口述権	言語の著作物を朗読などの方法により口頭で公に伝える権利
展示権	美術の著作物と未発行の写真著作物の原作品を公に展示する権利
頒布権	映画の著作物の複製物を頒布（販売・貸与など）する権利
譲渡権	映画以外の著作物の原作品または複製物を公衆へ譲渡する権利
貸与権	映画以外の著作物の複製物を公衆へ貸与する権利
翻訳権・翻案権など	著作物を翻訳、編曲、変形、翻案等する権利（二次的著作物を創作することに及ぶ権利）
二次的著作物の利用権	自分の著作物を原作品とする二次的著作物を利用（上記の各権利に係る行為）することについて、二次的著作物の著作権者が持つものと同じ権利

ている権利で，譲渡したり，相続したりすることはできない。この権利は著作者の死亡によって消滅するが，著作者の死後も一定の範囲で守られることになっている。一方で，財産的な意味の著作財産権は，その一部または全部を譲渡または相続することができる。したがって，譲渡または相続した場合の権利者は著作者ではなく，著作権の譲受人や相続人となる。著作財産権の種類は，図表2－17に示すとおりである。

③　著作隣接権

　著作隣接権とは，著作物の創作者ではないが著作物の伝達に重要な役割を果たしている実演家（俳優，舞踊家，歌手，演奏家，指揮者，演出家など実演を行う者），レコード製作者（レコードに固定されている音を最初に固定した者），放送事業者（NHK，民間放送各社，放送大学学園など），有線放送事業者（CATV，音楽有線放送事業者など）に認められた権利である。実演家，レコード製作者，放送事業者の権利は，図表2－18に示すとおりである。なお，著作隣接権の保護期間は，実演が行われたとき，レコードの発行（発売）が行われたとき，放送または有線放送が行われたときから，いずれも50年である。

第2章　無形資産評価の実務　87

| 図表2−18 | 実演家，レコード製作者，放送事業者の権利 |

■実演家の権利

氏名表示権	実演家名を表示するかしないかを決めることができる権利
同一性保持権	実演家の名誉・声望を害するおそれのある改変をさせない権利
録音権・録画権	自分の実演を録音・録画する権利
放送権・有線放送権	自分の実演を放送・有線放送する権利
送信可能化権	インターネットのホームページなどを用いて，公衆からの求めに応じて自動的に送信できるようにする権利
商業用レコードの二次使用料を受ける権利	商業用レコード（市販用のCDなどのこと）が放送や有線放送で使用された場合の使用料（二次使用料）を，放送事業者や有線放送事業者から受ける権利
譲渡権	自分の実演が固定された録音物等を公衆へ譲渡する権利
貸与権など	商業用レコードを貸与する権利（最初に販売された日から1年に限る）。1年を経過した商業用レコードが貸与された場合には，貸レコード業者から報酬を受ける権利

■レコード製作者の権利

複製権	レコードを複製する権利
送信可能化権	実演家の場合と同じ
商業用レコードの二次使用料を受ける権利	実演家の場合と同じ
譲渡権	レコードの複製物を公衆へ譲渡する権利
貸与権など	実演家の場合と同じ

■放送事業者の権利

複製権	放送を録音・録画および写真的方法により複製する権利
再放送権・有線放送権	放送を受信して再放送したり，有線放送したりする権利
送信可能化権	実演家の場合と同じ
テレビジョン放送の伝達権	テレビジョン放送を受信して画面を拡大する特別装置（超大型テレビやビル壁面のディスプレイ装置など）で，公に伝達する権利

④ 著作権の保護期間

我が国における著作権の原則保護期間は，著作者が著作物を創作した時点から，著作者の死後50年までである。その他の例外的保護期間については，図表2-19に示すとおりである。

図表2-19 ▎ 著作権の保護期間

著作物の種類	保護期間
実名（周知の変名を含む）の著作物	死後50年
無名・変名の著作物	公表後50年（死後50年経過が明らかであれば，そのときまで）
団体名義の著作物	公表後50年（創作後50年以内に公表されなければ，創作後50年）
映画の著作物	公表後70年（創作後70年以内に公表されなければ，創作後70年）

日本国外における著作権の原則保護期間については，日本と同様に死後50年である国としてカナダ，ニュージーランド，中国などがある。一方で，死後70年としている国はアメリカ合衆国，EU加盟国，トルコ，ブラジル，ロシア，韓国など多数存在する。

(3) 芸術関連無形資産の評価方法

芸術関連無形資産の評価手法としては，マーケット・アプローチ，インカム・アプローチ，コスト・アプローチが挙げられる。

他の無形資産と同様に，芸術関連無形資産の評価実務において，マーケット・アプローチを採用するケースはほとんどない。マーケット・アプローチを採用するためには，著作権等の権利を実際に売買するマーケットが存在し，それらの取引価格等の詳細情報を入手する必要があるが，不動産売買事例等とは異なり，実際にそれらの情報を入手することは困難であるからである。

コスト・アプローチは，芸術関連無形資産を製作するのに費やした費用，あるいは，同等のものを再製作するのに必要な費用を見積ることにより，評価額

を算定するものであるが，実務上，それらの費用を正しく見積ることは困難である。また，著作権者が，その権利を投資家等に売却する際には，実際に費やした費用以上に，利益を上乗せした価格を提示することが通常である。したがって，コスト・アプローチにより算定された評価額は，他の評価手法よりも過小となることが多く，芸術関連無形資産の評価に採用されることはほとんどない。

芸術関連無形資産の評価手法として，一般的に採用されるのが，将来の経済価値に着目したインカム・アプローチである。芸術関連無形資産で使用されるインカム・アプローチは，主に多期間超過収益法とロイヤリティ免除法である。

著作権で保護された芸術関連無形資産の価値を評価する場合，著作権のライセンス契約を前提とした評価手法を考慮する。著作権者がライセンスを付与することにより収益を獲得するという点では，商標や特許権と類似した経済的価値があるということができる。したがって，商標や特許権と同様の評価手法であるロイヤリティ免除法を採用するケースが多い。ロイヤリティ免除法は，著作権をライセンス契約した場合に支払うロイヤリティ料率に着目し評価を行う。「4(2)マーケティング関連無形資産の評価方法」では，商標の価値評価をロイヤリティ免除法で行ったケースを説明したが，芸術関連無形資産の評価も同様の手法で行うことになる。

また，芸術関連無形資産を保有することにより，競合他社よりも超過収益力を見込めることに着目した多期間超過収益法も一般に芸術関連無形資産の評価に採用される。

以下では，アニメキャラクターの評価を多期間超過収益法で行った設例を紹介する。

設例2-5　アニメキャラクターの価値評価（多期間超過収益法の適用例）

事例および前提条件

　日本の映画会社が，世界的に有名なアニメキャラクターの著作権等の権利を保有するＡ社を買収した。今後は，獲得したアニメキャラクターに関連する収益を期待できる。Ａ社が保有するアニメキャラクターに関連する権利の価値は，重要性が高いものと判断された。

- アニメキャラクターに関連する著作権等の権利は，すべてライセンス契約を締結しており，ライセンス収入には，Ａ社が作成した5か年事業計画の数値を使用した。取得企業は，6年目以降の売上高については5年後の売上高水準が毎期2.0％成長すると想定した。
- 実効税率は30％と想定した。
- 事業に貢献している資産として運転資本，固定資産，労働力を想定した。
- 割引率は，WACCとWARAの整合性，および著作権等の権利の相対的なリスクを勘案し13％と推計した。
- 割引計算に際しては，期央主義（期央時点にキャッシュ・フローが生じる）と想定した。
- 日本においては，著作権は税務上償却されないケースが多いことから，ここでは，償却に係る節税効果（TAB）は考慮しない。

アニメキャラクターに関連する権利

【前提条件】

実効税率	30.0%
割引率	13.0%
計画期間以降の売上高成長率	2.0%
貢献資産コスト 　運転資本 　固定資産 　労働力	 0.2% 0.3% 0.5%

単位：百万円	X1年	X2年	X3年	X4年	X5年	継続価値
国内ライセンス収入	5,000	5,500	6,000	6,500	7,000	7,140
海外ライセンス収入	10,000	11,000	12,000	13,000	14,000	14,280
ライセンス収入合計	15,000	16,500	18,000	19,500	21,000	21,420
営業利益	4,500	4,950	5,400	5,850	6,300	6,426
税率	30.0%	30.0%	30.0%	30.0%	30.0%	30.0%
税金	(1,350)	(1,485)	(1,620)	(1,755)	(1,890)	(1,928)
税引後営業利益	3,150	3,465	3,780	4,095	4,410	4,498
貢献資産コスト　計	(150)	(165)	(180)	(195)	(210)	(214)
運転資本	(30)	(33)	(36)	(39)	(42)	(43)
固定資産	(45)	(50)	(54)	(59)	(63)	(64)
労働力	(75)	(83)	(90)	(98)	(105)	(107)
ライセンス収入に帰属する営業利益	3,000	3,300	3,600	3,900	4,200	4,284
継続価値						38,945
割引期間（年数）	0.50	1.50	2.50	3.50	4.50	4.50
割引係数	0.941	0.832	0.737	0.652	0.577	0.577
各期間の現在価値	2,822	2,747	2,652	2,543	2,423	22,470
評価額　　35,658						
営業利益率	30.0%	30.0%	30.0%	30.0%	30.0%	30.0%

7　契約関連無形資産の評価方法

(1)　契約関連無形資産の概要

　契約関連無形資産は，将来において履行される契約内容より発生する権利の価値を示すものである。権利の価値とは，契約内容に市場よりも有利あるいは不利な条項（"off-market" terms）が含まれているか，契約内容が有する固有の価値があるか等に関連する。

　契約が解約可能であるかどうかは，契約関連無形資産の識別においては影響を及ぼさない。

(2)　業務プロセス

契約関連無形資産の評価プロセスは，図表2-20のとおりである。

| 図表2-20 | 契約関連無形資産の評価プロセス |

```
┌─────────────┐
│ 契約関係の把握 │
└─────────────┘
        │    【契約内容の把握】
        │    ●有利あるいは不利な契約か
        ↓    ●許認可等の場合，取得することが困難であるか
             ●独占的な内容となっているか 等
┌─────────────┐
│ 評価対象となる │
│ 契約関係の把握 │
└─────────────┘
        │    【評価手法の検討】
        │    ●マーケット・アプローチ
        ↓    ●インカム・アプローチ
             ●コスト・アプローチ
┌─────────────┐
│ 評価手法の決定 │
└─────────────┘
        │    【評価に必要なデータの入手】
        │    ●事業計画
        ↓    ●賃借料等のマーケットデータ
             ●契約年数　等
             【評価モデルの作成】
┌─────────────┐
│ 評価実施 │
└─────────────┘
```

①　契約関係の把握

被取得企業は，事業を運営する上で多種多様な契約関係を保有している。契約関連無形資産は，企業外部・内部の契約関係に基づく資産である。

IFRS第3号およびASC805には，契約関連無形資産の例示が記載されている（図表2-21参照）。ただし，例示されている項目は一般的に想定される契約関係であり，識別対象の契約関係を把握する上では，被取得企業が実際に保有する契約関係を考慮する必要がある。

第2章　無形資産評価の実務　93

	図表２−21　　契約関連無形資産の例示
1	ライセンス，ロイヤリティ，使用禁止契約
2	広告，建設，マネジメント，サービス，サプライ契約
3	リース契約（被取得企業が借り手，貸し手であるかに関わらない）
4	建設許可
5	フランチャイズ契約
6	営業，放映権
7	住宅ローン貸付管理契約等のサービス契約
8	雇用契約
9	採削，水道，空調，材木伐採，および通行権等の利用権

（参照：ASC805 Business Combinations - Implementation Guidance and Illustrations IFRS3
Business Combinations Illustrative Examples "Identifiable Intangible Assets"）

② **評価対象となる契約関係の把握**

　上記のとおり，被取得企業はさまざまな契約関係を保有しているが，必ずし
もすべての契約関係が評価対象となるわけではない。

　契約を締結する以上，契約当事者双方においては何らかの経済的便益が発生
するものと考えられるが，評価対象となる契約関係を把握する上では，契約関
係について一般的な市場参加者の観点から，以下の点等を検討する必要がある。

- 有利あるいは不利な契約内容となっているか
- 許認可等の場合，取得することが困難であるか
- 独占的な内容となっているか

　たとえば，主要顧客との契約が評価対象であるかどうかを検討する場合，当
該契約が被取得企業にとっては重要である契約であると考えられるが，契約内
容が有利あるいは不利な契約でない場合は，評価対象となる契約関係とはなら
ない。（ただし，主要顧客との契約関係は，別途顧客関連無形資産としての検
討は必要である。）

(3) 契約関連無形資産の評価方法

一般的に契約関連無形資産の評価実務において使用される評価手法としては，以下のような方法が挙げられる。

① マーケット・アプローチ

マーケット・アプローチは，類似する契約関係がマーケットにおいて取引されている場合，その価額（第三者間取引の価額）に基づき評価を行う手法である（評価の考え方については，図表2-22を参照）。ただし，契約関係は秘匿性が高く，証券市場のような公のマーケットが整備されているとは言い難い状況にある。したがって，契約関連無形資産をマーケット・アプローチにより評価することは，マーケットデータの不足・信頼性の欠如等から一般的であるとは考えられない。

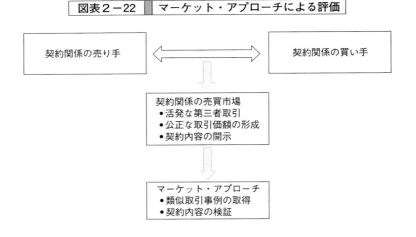

図表2-22　マーケット・アプローチによる評価

② インカム・アプローチ

インカム・アプローチは，契約関係の優位性が継続する期間を見積り，優位性から得られる経済的便益に基づき評価を行う手法である。インカム・アプロ

ーチによる評価においては，評価対象の契約関係に優位性があることを示すマーケットデータや優位性の継続期間（特に契約更新が可能である場合，契約が更新されるかどうかの検討が必要である）が重要な項目となる。契約関連無形資産はインカム・アプローチにより評価されることが一般的である（具体的な評価モデル等については，「(4)①評価実施」参照）。

③ コスト・アプローチ

コスト・アプローチは，契約締結を行うために発生した費用に基づき評価を行う手法である。当該費用には，弁護士等のリーガルコスト，契約締結に関与した社員の人件費，その他の共通費用等が含まれ，契約締結に係る活動の開始時点（契約相手先を見つけ，調査を行う時点）から契約締結時点までの費用を把握する。ただし，リーガルコスト等の直接費用は把握可能であると考えられるが，人件費・共通費等の間接費を正確に把握することは困難であると考えられる。したがって，契約関連無形資産の評価にあたり，コスト・アプローチは，実務上あまり用いられていない。

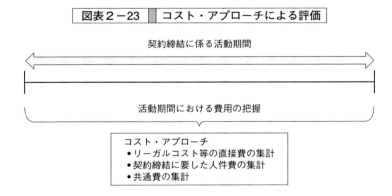

図表2－23　コスト・アプローチによる評価

(4) 契約関連無形資産の評価プロセスとポイント

① 評価実施

評価を実施する上では，評価に必要なデータの入手および評価モデルの作成

というプロセスがある。本項目においては，契約関連無形資産として評価対象となることが多い賃貸借契約に係る無形資産評価事例，評価の考え方・評価モデルの作成が複雑である周波数帯に係る無形資産評価事例を紹介する。

（i）賃貸借契約に係る無形資産評価事例

概要

賃借人である被取得企業が全国に店舗を持って事業展開を行っており，同一の不動産会社と店舗の賃貸借契約を締結しているような場合，不動産会社は被取得企業との関係維持，空室リスクの回避等の理由から，市場賃料よりも低い賃料にて賃貸借契約を締結している可能性がある。

また，被取得企業がショッピングモール等の集合商業施設に店舗を持って事業展開を行っており，被取得企業の集客力が高いような場合，不動産会社は他のテナントへの波及効果等を考慮し，被取得企業を誘致するために市場賃料よりも安い賃料で賃貸借契約を締結している可能性がある。

被取得企業は，上記のような場合，市場賃料よりも安い賃料にて賃貸借契約を締結することができるため，契約上の賃料（現行賃料）と市場賃料との差額分のメリット（経済的便益）を得ることとなる。

契約関連無形資産評価においては，このメリット（経済的便益）を価値の源泉として評価を行う。

なお，物件によっては，被取得企業が不利な賃貸借契約を締結している可能性がある。この場合は，不利な契約によるデメリット部分を負債として認識することとなる。

契約内容の把握

被取得企業が複数の賃貸借契約を締結している場合，物件ごとの契約書を入手し，契約内容を把握する必要がある。特に以下の項目については，評価を行う上で重要な項目となる。

- 賃料
- 契約期間（契約残存年数）
- 契約更新が可能であるかどうか
- 契約更新時における賃料の取扱い

上記の項目等をまとめた一覧表を物件ごとに作成する。

市場賃料の調査・把握

物件ごとの契約内容を把握した後，市場賃料の調査を行う。市場賃料は各物件の契約内容・立地等を考慮し，類似する賃貸不動産の取引事例を参照し，決定する。ただし，一般的に正確な類似取引事例を取得することは困難であると考えられるため，不動産専門家に調査（鑑定）を依頼することが望ましい。

図表2－24　物件ごとの契約内容・市場賃料のまとめ例

物件A

所在地：東京都千代田区ＸＸ
築年数：15年
契約開始日：20X0年1月1日　　契約終了日：20X5年12月31日
賃借面積：500平方メートル
契約更新可否：可
賃料変更可否：可
現行賃料（月額）：100千円
見積市場賃料（月額）：150千円

評価期間の検討

評価期間と契約期間（契約残存年数）は必ずしも一致しない。評価期間とは有利な賃貸借契約が継続する期間である。

具体的には以下のような状況が起こる可能性を考慮し，評価期間の見積りを行う必要がある。

- 契約更新が可能であり，有利な賃貸借契約の状況が継続する（更新期間においても有利な状況が継続する）。
- 契約更新が可能であるが，賃料の見直しが行われ，現行賃料が市場賃料と同程度の賃料に変更される。
- 大規模開発・イベント等により市場賃料が将来において変動する。

　一般的に永久に有利な（あるいは不利な）賃貸借契約が継続するとは考えられないため，上記項目等を考慮し，評価期間を決定する。

[割引率の検討]

　インカム・アプローチで評価を行う場合は，評価期間におけるメリット（経済的便益）を現在価値に割り引く必要がある。

　この割引計算を行う上でファクターとなるのが割引率である。

　賃貸借契約に係る無形資産評価においては，割引率を検討する場合，物件ごとの還元利回り（Capitalization Rate：キャップレート）を使用することが望ましい。還元利回りとは，「直接還元法の収益価格およびDCF法の復帰価格の算定において，一期間の純収益から対象不動産の価格を求める際に使用される率であり，将来の収益に影響を与える要因の変動予測と予測に伴う不確実性を含むものである」（出典：不動産鑑定評価基準）。

　つまり，評価の対象となる不動産から生じるキャッシュ・フローを用いて不動産価格を算出する上で，割引計算を行う際に使用される利回りである。

　還元利回りは所在地・物件のタイプ等により異なるため，物件ごとの調査・検討が必要である。

　なお，還元利回りを調査する際に参考となる資料として，一般財団法人日本不動産研究所が公表している「不動産投資家調査」が挙げられる。

[税金の考え方]

　インカム・アプローチによる評価においては，以下の税金に関する項目を考慮することが一般的である。

- 無形資産に帰属する税引前キャッシュ・フローに対する税金
- 償却に係る節税効果（詳細は「9⑶償却に係る節税効果の考慮」参照）

　ただし，賃貸借契約に係る無形資産の評価においては，評価に使用する現行賃料および市場賃料に上記の税金に関する項目が織り込まれていると想定し，調整を行わないことが一般的である。

図表2−25　賃貸借契約に係る無形資産の評価事例

物件A	
見積市場賃料（年額）	100
現行賃料（年額）	80
評価期間	5年
割引率	11.0%

単位：百万円		FY01	FY02	FY03	FY04	FY05
見積市場賃料（年額）	a	100	100	100	100	100
現行賃料（年額）	b	80	80	80	80	80
賃貸借契約に帰属するCF	c＝a−b	20	20	20	20	20
割引期間	d	0.5	1.5	2.5	3.5	4.5
割引係数	e＝1／(1＋割引率)^d	0.95	0.86	0.77	0.69	0.63
賃貸借契約に帰属する割引後CF	f＝c×e	19	17	15	14	13
合計（A）		78				

物件B	
見積市場賃料（年額）	90
現行賃料（年額）	80
評価期間	3年
割引率	9.0%

単位：百万円		FY01	FY02	FY03
見積市場賃料（年額）	a	90	90	90
現行賃料（年額）	b	80	80	80
賃貸借契約に帰属するCF	c＝a－b	10	10	10
割引期間	d	0.5	1.5	2.5
割引係数	e＝1/(1＋割引率)^d	0.96	0.88	0.81
賃貸借契約に帰属する割引後CF	f＝c×e	10	9	8
合計（B）	26			

物件C	
見積市場賃料（年額）	75
現行賃料（年額）	90
評価期間	4年
割引率	10.0%

単位：百万円		FY01	FY02	FY03	FY04
見積市場賃料（年額）	a	75	75	75	75
現行賃料（年額）	b	90	90	90	90
賃貸借契約に帰属するCF	c＝a－b	(15)	(15)	(15)	(15)
割引期間	d	0.5	1.5	2.5	3.5
割引係数	e＝1/(1＋割引率)^d	0.95	0.87	0.79	0.72
賃貸借契約に帰属する割引後CF	f＝c×e	(14)	(13)	(12)	(11)
合計（C）	(39)				

無形資産価値（A+B+C）	65

(ii) 周波数帯に係る無形資産評価事例

概要

　周波数帯に係る無形資産は，インカム・アプローチ，マーケット・アプローチ，ならびにコスト・アプローチによる評価を行うことが可能であると考えられる。ただし，利用可能な情報，活発な市場取引が存在しているか等を検討し，最適なアプローチを選択する必要がある。本項においては，周波数帯に係る無

形資産の評価において最も使用される機会の多いインカム・アプローチを中心に解説し，マーケット・アプローチおよびコスト・アプローチについては評価の概論を記載することとする。

周波数帯に係る無形資産をインカム・アプローチで評価する場合は，一般的にグリーンフィールド・メソッド（Greenfield method，以下「GM」）が用いられる。

GMを適用する場合には，まず周波数帯（周波数帯の利用許認可）のみを保有する新興企業（Start-up company）を想定する必要がある。つまり，周波数帯のみを保有し，事業資金を含めた資産を一切保有しない会社を想定する。当該企業が資金を調達し，設備投資を行い，周波数帯を利用した事業を開始すると想定し，当該企業の事業価値を算出し，周波数帯の価値とするのがGMの概要である。なお，GMは「5(2)顧客関連無形資産の評価方法」で解説した多期間超過収益法の一種であると考えられる。

[事業計画]

上述のとおり，GMを実施する上で必要となるのは，周波数帯のみを保有する新興企業の事業計画である。また，周波数帯の価値に永続価値を加算する場合には，事業が安定する時期までの事業計画が必要である。

上記事業計画は，企業が通常作成する事業計画（中期経営計画）等とは異なり，周波数帯のみを保有する新興企業を想定した事業計画となるため，作成は難しいと考えられる。周波数帯に係る無形資産が評価対象となることが判明した場合は，事業計画作成に時間を要することを考慮し，早めの準備を検討することが望ましいと考えられる。

基本的には当該事業計画の作成は対象会社（被取得企業）が作成すると考えられるが，さまざまな要素が含まれる計画であり，主観的な計画となりうる可能性がある。

評価を行う買収会社（取得企業）は慎重に当該事業計画を検証する必要がある。特に事業計画で適用されている諸前提が現状のマーケットにおいて合理的

な前提となっているかは重要な検証項目と考えられる。以下の項目は検証項目の一例である。

- 運転資本の水準
- 設備投資額の過不足（基地局の数等）
- 売上高計算の基礎となる項目（加入者1人当たりの平均売上高（ARPU）や新規加入者獲得数，解約率等）
- 既存加入者の維持，新規加入者獲得に要する費用（広告宣伝費，キャンペーン費用等）

評価期間（償却期間）の検討

　評価期間は周波数帯に係る無形資産の評価においては，価値に大きな影響を与える項目である。一般的に評価期間は周波数帯の使用許認可が継続する期間と考えられる。また，使用許認可が継続する期間を想定する上では，更新の可能性（更新が容易であるか等）を検討する必要がある。

　許認可制度は各国において異なるため，許認可を得ている国の制度を把握し，評価に反映させる。

　また，評価期間と償却期間は同等であると考えられる。

　総務省「周波数帯オークションに関する懇談会　報告書」に記載の「主要国におけるオークション振込金の会計処理」にオークションにより取得した周波数帯の償却事例が記載されており，米国においては非償却性資産，ヨーロッパにおいては免許期間等を償却期間とする償却性資産として取り扱われている。

永続価値

　評価期間が限定されない（indefinite）と想定する場合，永続価値を無形資産価値に加算する必要がある。

　前述の 事業計画 にも記載のとおり，永続価値は，事業が安定している期のフリー・キャッシュ・フローに基づき，長期的な成長率を考慮し算出される。

　したがって，永続価値を算定する場合には，事業開始時点から事業安定期までの期間の事業計画が必要となる。

長期的な成長率の検討にあたっては，対象会社が主に事業を行う国の経済成長率（インフレ率やGDP成長率等），マーケットの成長率等を考慮する。

[割引率の検討]

周波数帯に係る無形資産に使用する割引率は，事業計画の状況（一般的な市場参加者の視点からその実現可能性が高い／低い），周波数帯自体が個別に有すると考えられるリスク等を総合的に考慮し，最終的にはWACCとWARAが整合する範囲において決定されるものと考えられる。

[マーケット・アプローチの検討]

マーケット・アプローチは，類似する周波数帯の売買事例等に基づき価値を算出する方法である。

ただし，一般的には類似する適切な取引事例を抽出することは困難である場合が多い。

したがって，マーケット・アプローチによる評価は，インカム・アプローチによる評価結果の適正性を確認する，といった意味合いで実施することが望ましいと考えられる。

[コスト・アプローチの検討]

コスト・アプローチは許認可（ライセンス）を得るために要した取得原価（historical cost）および再取得コスト（replacement cost）に基づき価値を算出する方法である。ただし，正確なコストを把握することが困難であること（技術革新が早く，過去に要した費用が必ずしも評価基準日時点での許認可取得に要する費用にはならないこと）等を考慮すると，評価手法として採用することは一般的ではないと考えられる。

図表2−26	周波数帯の評価事例

【主要な前提条件】

割引率	15.0%
長期成長率	1.0%
税率	30.0%
節税効果償却期間	5年

単位：百万円		FY01	FY02	FY03	FY04	FY05	FY06	永続価値
営業利益（損失）	a	(1,000)	(1,500)	(100)	1,000	1,500	3,000	3,030
税金	b＝−a×税率	0	0	0	(300)	(450)	(900)	(909)
税引後営業利益	c＝a+b	(1,000)	(1,500)	(100)	700	1,050	2,100	2,121
減価償却費	d	100	200	300	400	500	600	606
運転資本の増減	e	(700)	(500)	(400)	(300)	(100)	(50)	(51)
設備投資	f	(1,100)	(1,000)	(900)	(800)	(700)	(600)	(606)
フリー・キャッシュ・フロー（FCF）	g＝c+d+e+f	(2,700)	(2,800)	(1,100)	0	750	2,050	2,071
永続価値（割引前）	h＝永続価値のFCF/（割引率−長期成長率）						14,789	
割引期間	i	0.5	1.5	2.5	3.5	4.5	5.5	
割引係数	j＝1/（1+割引率）i	0.93	0.81	0.71	0.61	0.53	0.46	
税引後想定ロイヤリティの現在価値	k＝(g+h)×j	(2,518)	(2,270)	(776)	0	400	7,807	
現在価値合計（A）		2,643						
償却に係る節税効果（B）＝C−A		727						
償却率	l＝1/節税効果償却期間	0.20	0.20	0.20	0.20	0.20		
節税効果の現在価値	m＝税率×j×l	5.6%	4.9%	4.2%	3.7%	3.2%		
節税効果の現在価値合計		21.6%						
評価額(C)＝A/（1−節税効果の現在価値合計）		3,370						

＊「節税効果償却期間」は税務上の営業権の償却年数を使用

＊簡便化のため，税金に対する繰越欠損金の影響を考慮していない。

8 技術関連無形資産の評価方法

(1) 技術関連無形資産の概要

技術関連無形資産は，被取得企業が保有する技術（特許権，特許出願中の技術（無特許の技術），仕掛中の研究開発等）やソフトウェアやデータベース等の著作権物を評価対象とする無形資産である。

(2) 業務プロセス

技術関連無形資産の評価プロセスは，図表2-27のとおりである。

| 図表2-27 | 技術関連無形資産の評価プロセス |

企業の業態の把握

【技術等の内容の把握】
- 特許権リスト・特許出願中リストの確認
- 仕掛中の研究開発リストの確認 等

保有技術の把握

【重要性の把握】
- 特許権等の保有技術の業界における優位性
- 仕掛中の研究開発の状況確認 等

評価対象となる技術等の把握

【評価手法の検討】
- マーケット・アプローチ
- インカム・アプローチ
- コスト・アプローチ

評価手法の決定

【評価に必要なデータの入手】
- ロイヤリティレート
- 評価対象技術等を使用した製品に係る事業計画
- 陳腐化率に関する情報 等

【評価モデルの作成】

評価実施

① 被取得企業の業態の把握

技術関連無形資産を評価する場合，まず初めに被取得企業の業態を把握する。医薬品・精密機器業界に属するような技術力を強みとする被取得企業は，主要な無形資産として技術関連無形資産を保有している可能性が高く，より慎重に検討を行う必要がある。

② 保有技術の把握

IFRS第3号およびASC805には，技術関連無形資産の例示が記載されている（図表2-28参照）。

図表2-28　技術関連無形資産の例示

1	特許技術
2	コンピュータソフトウェアおよびマスクワーク
3	無特許の技術
4	データベース（タイトル・プラントを含む）
5	秘密製法，プロセス，レシピ等の取引上の機密
6	仕掛中の研究開発

（参照：ASC805 Business Combinations - Implementation Guidance and Illustrations IFRS3 Business Combinations Illustrative Examples "Identifiable Intangible Assets"）

図表2-28の中で一般的に評価対象となる可能性が高い項目は，「特許権を得た技術」，「無特許の技術」ならびに「仕掛中の研究開発」である。ただし，被取得企業の事業内容によっては，その他の項目も評価対象となる可能性がある点に留意する。たとえば，ソフトウェアの開発・販売を行う被取得企業であれば，「コンピュータソフトウェアおよびマスクワーク」，食品の製造・販売を行う被取得企業であれば，「秘密の製法，工程，調理法等の企業秘密」（製造レシピ等）が評価対象の技術となる可能性がある。

以下においては，評価対象となる可能性が高い上記3項目を中心に，把握方法について解説する。

第2章　無形資産評価の実務　107

(i)　特許権リスト・特許出願中リストの確認

被取得企業は知財部等の技術管理部門において，特許権リスト，特許出願中リストを保有している。技術関連無形資産を評価する上では，各リストを入手することが非常に重要である。

上記リストの内容はさまざまであるが，以下の情報は特許権および特許出願中の技術を評価する上では重要となるため，記載がされているかどうかを確認する。

- 出願日
- 出願国
- 登録日（特許権リストの場合）
- 権利消滅日
- 特許権の内容（技術の内容）

(ii)　その他重要な技術

特許権を取得する場合，被取得企業は他社による技術（権利）侵害を防止できる等の法的な保護が得られる一方で，権利消滅日以降（特許出願20年後）においては特許対象技術を公開することとなる。

被取得企業によっては，公開されることを避けるために，重要な技術であったとしても特許を取得していない（特許出願を行っていない）可能性があるため，知財部等にインタビューを実施し確認することが望ましいと考えられる。

(iii)　仕掛中の研究開発リストの確認

被取得企業は新製品の開発を行う場合，新製品開発を1つのプロジェクトと考えて管理を行っていることがあり，仕掛中の研究開発の概要を把握するには，管理表（リスト）を入手することが重要である。

リストには，新製品の内容（開発している技術の内容），開発段階，開発費用，新製品の売上計画等が記載されており，仕掛中の研究開発の評価を行う上で有用な情報を入手できる。

日本の会計基準においては，研究開発費を発生時の費用として処理する規定
があるため，開発費は資産として計上されていなかったが，会計基準の収斂
（コンバージェンス）の観点から，「企業結合会計基準及び事業分離等会計基準
に関する適用指針（平成20年12月26日改定）」により，企業結合により取得し
た仕掛中の研究開発は，識別可能な無形資産として取得原価配分の対象となっ
ている。

　国際財務報告基準ではIAS第38号に規定があり，被取得企業の仕掛中の研究
開発が以下の要件を満たし，無形資産の定義に合致する場合にはのれんとは区
別して資産として識別しなければならないとされている。

- 資産の定義を満たす。
- 識別可能，すなわち分離可能あるいは契約・法的権利から生じている。

　米国基準ではASC730において，企業結合により取得した研究開発活動に使
用される資産は，将来の代替使用の可能性の有無によらず，公正価値で識別，
測定するとされている。

　また，米国基準においては，仕掛中の研究開発を無形資産として認識するた
めの詳細な条件が設定されている（詳細については，③(ii)に記載）。

③　評価対象となる技術等の把握

　被取得企業が保有する技術等を把握した後に，重要性が高く，評価対象とな
る技術等の有無を検討する。

　以下では，特許権等の開発済み技術（既存技術）と仕掛中の研究開発におけ
る検討方法を記載する。

(i)　特許権等の開発済み技術（既存技術）

　被取得企業が保有する技術の中には，どの企業も保有するようなベーシック
な技術もあれば，他社優位性があり製品の差別化に寄与していると考えられる
重要な技術が混在すると思われる。

技術関連無形資産の評価においては，後者の技術が評価対象となる。

重要な技術であるかどうかは，技術担当者や営業担当者へのインタビュー内容（技術者としての観点から他社優位性がある技術はどのようなものか，営業を行う上で強み・セールスポイントとなる技術はどのようなものか等），事業計画において当該技術を使用した製品の売上高が会社全体の売上高計画値に占める割合等を総合的に勘案し，検討を行う。

(ⅱ) 仕掛中の研究開発

仕掛中の研究開発は，開発の進捗度合いによりさまざまな状況にあると考えられる。

たとえば，複数の開発フェーズがある中で初期的な開発が終了しているのみである，一定程度の開発フェーズに到達しているものの監督官庁からの許認可を得ていない，すでに製品化の目途が立っており売上計画（製品に係る事業計画）が作成されている等，開発プロジェクトごとに状況は異なると考えられる。

原則としては，日本の会計基準および国際財務報告基準では，識別可能である場合には，仕掛中の研究開発は技術関連無形資産として評価対象となると考えられるが，実務的には上記のような開発状況を考慮し，評価対象となる仕掛中の研究開発を特定することとなる。

特に売上計画が作成されているかどうかは，価値評価を行う上で重要な項目となる。

米国基準では，"AICPA Practice Aid Series - Assets Acquired in a Business Combination to Be Used in Research and Development Activities: A Focus on Software, Electronic Devices, and Pharmaceutical Industries"（以下，「AICPA 実務指針」という）において，仕掛中の研究開発の識別要件についての詳細が記載されている。仕掛中の研究開発を技術関連無形資産として識別するには，以下の5つの要件を満たす必要がある。

(a)　支配（Control）
支配とは，取得企業が，取得した仕掛中の研究開発からの便益（benefit）の獲得が可能であり，他社による利用をコントロールすることが可能であることをいう。 　支配の一例としては，以下が考えられる。 　・取得した仕掛中の研究開発を分離，分割，売却，他社へのライセンス，交換する権利を有している。 　・法的に第三者に主張できる知的財産権を有している（特許権として登録されている必要はない）。
(b)　経済的便益（Economic benefit）
経済的便益とは，取得企業が企業結合後において，取得した仕掛中の研究開発から発生すると予測される将来便益を意味する。 　また，ASC805のガイダンスでは，経済的便益は取得企業固有の前提ではなく，一般的な市場参加者の前提に基づき算出されるべきであると規定されている。
(c)　実在性（Substance）
実在性を満たすには，企業結合以前に被取得企業が研究開発活動を相当程度行っていたこと（more than an insignificant effort），また当該研究開発活動がASC730 "Accounting for Research and Development Costs"「研究開発費の会計」に定義される研究開発の要件を満たし，何らかの価値を創造していることが要求される。
(d)　未完成（Incompleteness）
未完成とは，企業結合日現在において商品化が失敗するようなリスク（技術的・工学的なリスク）が存在する，もしくは規制当局の許認可が未取得である等の状況にあり，リスクの排除や許認可の取得に追加的な費用を要する状態をいう。
(e)　計測可能性（Measurability）
計測可能性とは，取得した仕掛中の研究開発の公正価値を合理的な信頼性をもって評価できることをいう。 　ただし，現状ではASC820の公正価値測定の概念（識別可能な無形資産は公正価値で評価される）がすべての取得した仕掛中の研究開発に適用されるため，識別要件として当該規定を必ずしも満たす必要はない。

(3)　技術関連無形資産の評価方法

　一般的に技術関連無形資産の評価実務において使用される評価手法としては，以下のような方法が挙げられる。

① マーケット・アプローチ

マーケット・アプローチは，類似する技術等がマーケットにおいて取引されている場合，その価額（第三者間取引の価額）に基づき評価を行う手法である。ただし，実際には技術関連無形資産が相対取引ではなく，マーケット（多数の第三者間での取引が行われる市場）で取引されることは非常に少ないと考えられる。したがって，技術関連無形資産をマーケット・アプローチにより評価することは，マーケットデータの不足・信頼性の欠如等から一般的であるとは考えられない。

② インカム・アプローチ

インカム・アプローチは，技術関連無形資産を保有し，製品製造に使用する等により得られる経済的便益に基づき評価を行う手法である。インカム・アプローチによる評価においては，評価対象となる技術等を使用した製品に関する事業計画，類似のロイヤリティ事例，技術の陳腐化率等が重要な項目となる。技術関連無形資産は，インカム・アプローチにより評価されることが一般的である（具体的な評価モデル等については，「7⑷①評価実施」参照）。

③ コスト・アプローチ

技術関連無形資産をコスト・アプローチで評価する場合は，一般的には同等の技術関連無形資産を新規に取得する場合に要するコスト（再取得コスト），または同等の技術関連無形資産を新たに製作する場合に要するコスト（再製作コスト）を基に評価を行う。

コスト・アプローチによる評価を行う代表的な技術関連無形資産としては，ソフトウェアやデータベースが挙げられる（コスト・アプローチによる評価の詳細は，「第3章1⑶②動産の評価手法」参照）。

⑷ 技術関連無形資産の評価プロセスとポイント

① 評価実施

　評価を実施する上では，評価に必要なデータの入手および評価モデルの作成というプロセスがある。本項目においては，技術関連無形資産として評価対象となることが多い「特許権を得た技術」，「無特許の技術」に係る評価事例，および「仕掛中の研究開発」に係る評価事例を紹介する。

(i) 「特許権を得た技術」，「無特許の技術」（既存技術）に係る評価事例

概要

　「特許権を得た技術」，「無特許の技術」を評価する上で一般的に使用される評価手法としては，インカム・アプローチの一種であるロイヤリティ免除法が考えられる。

　ロイヤリティ免除法は，評価対象となる技術を保有していなかった場合を想定し，当該技術を保有していることにより免除される支払ロイヤリティに基づき評価を行う手法である。

　「特許権を得た技術」，「無特許の技術」はともに既存技術（開発が終了している技術）であり，すでに当該技術を使用した製品は販売されており，製品に関する将来計画も存在すると考えられる。

　ロイヤリティ免除法では，評価対象の技術と類似するロイヤリティレート事例および将来計画値等を使用して算出された想定ロイヤリティに基づき評価を行う。

類似ロイヤリティレート事例の抽出

　ロイヤリティ免除法を適用する上で，評価対象と類似するロイヤリティレート事例の抽出は非常に重要であるため，慎重に行う必要がある。

　前述の特許権リスト・特許出願リストに記載の技術内容や技術担当者へのインタビューを通じて，評価対象の技術の内容を把握し，類似するロイヤリティ

レート事例を抽出する。

　類似する技術のロイヤリティレートを入手する際には，外部の情報ベンダーを利用することが多く，情報ベンダーには技術の内容等を正確に伝えることが重要である。

　無形資産の公正価値を計測する上では，第三者間取引が前提となるため，評価に使用するロイヤリティレートも第三者間で使用されているレートを使用することが望ましいと考えられる。（移転価格税制の適用により，内部取引であったとしても，第三者間取引を想定したロイヤリティレートとなっている可能性も考えられるが，詳細把握が困難である状況においては，内部取引のレートは避けることが望ましいと考えられる。）したがって，ロイヤリティレートを選択する上では，選択したロイヤリティレート事例が第三者間取引であるかどうかを確認する必要がある。

　入手した事例の中には，技術のライセンス期間やライセンス地域が限定されているなど，評価対象の技術と使用条件が異なる事例もあるため，注意する。

　また，被取得企業によっては，評価対象とする技術を他社にライセンスしている場合があり，当該ライセンスに係るロイヤリティレートを入手することも，類似ロイヤリティレート事例を検討する上で有用である。ただし，どのようなプロセスでロイヤリティレートが決定されているかは確認する必要がある。

　抽出した類似ロイヤリティ事例の中で，評価対象技術を使用した製品の営業利益率等の利益水準を参照し，適切な水準のレートを最終的に選択する。

(評価対象の技術を使用した製品の将来計画値)

　被取得企業が事業計画を作成する場合は，製品ごとの計画値を積み上げて作成していることが考えられ，この製品ごとの計画値を入手し，評価対象の技術を使用した製品の将来計画値を特定し，その値を把握する。

　入手が必要な将来計画値は，使用するロイヤリティレートの性質により異なる。

　ロイヤリティレートの対象となるベースは，契約内容により異なり，必ずし

も売上高とは限らない（正味売上高，営業利益等）ため，ロイヤリティレートの性質に合わせて計画値を入手する。

また，評価におけるロイヤリティ収入は外部取引に係る部分であるため，将来計画値に内部取引が含まれていないかを確認する。

[陳腐化率の検討]

技術は時間の経過とともに陳腐化していくと考えられる。

評価対象の技術は，評価基準日時点において他社に対する優位性（業界における優位性）を有していると考えられるが，時間の経過とともに新たな技術の台頭等により，その優位性は減少していくと考えられる。

そこで既存技術の評価を行う上では，技術の優位性が何年程度維持されるかを検討し，陳腐化率を想定する。陳腐化率は，依存技術評価においては，評価額に大きく影響を与えるファクターである。

既存技術であったとしても，その優位性を維持するために追加的な開発を行うことが考えられるが，評価においてはこのような追加的な開発を織り込まず，評価基準日時点の技術の優位性がどの程度の期間継続するかを検討し，陳腐化率を計算する。

技術の優位性の継続期間等の陳腐化率計算に必要な項目について，被取得企業の技術担当者へのインタビューを実施し，確認を行う。

[評価期間の検討]

評価期間は技術の陳腐化率と連動する。

たとえば，陳腐化率が10％の場合，10年間で評価対象技術の優位性がなくなると考えられるため，評価期間としては10年間になる。

[割引率の検討]

既存技術評価に使用する割引率は，事業計画の状況（一般的な市場参加者の視点からその実現可能性が高い／低い），被取得企業が属する業界における技

術革新が早く，想定以上の陳腐化が起こる可能性がある等を総合的に考慮し，最終的には WACC と WARA が整合する範囲において決定されるものと考えられる。

また，既存技術は開発が終了している一方で，仕掛中の研究開発は開発過程にあるため，同じ技術関連無形資産であったとしても，リスクが異なる点に留意する。

償却に係る節税効果の考え方

企業結合により取得する無形資産の公正価値を算出する際には，償却に係る節税効果を織り込むことが一般的である。

償却に係る節税効果は税務上の償却年数に基づき算出されるが，「特許権を得た技術」と「無特許の技術」で償却年数が異なる可能性がある。「特許権を得た技術」を税務上の特許権と想定する場合は，税務上の償却年数が8年間である一方で，「無特許の技術」は税務上の営業権に該当すると考えられるため，税務上の償却年数が5年間となり，それぞれの資産により償却年数が異なる。

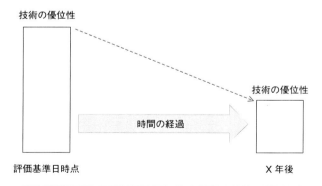

図表2－29　陳腐化のイメージ図

- 時間の経過に伴い，技術の優位性が低下していく。
- 評価基準日以降における追加的な開発は織り込まない。

図表２－30　「特許権を得た技術」の評価事例

【主要な前提条件】

割引率	10.0%
ロイヤリティレート	3.0%
陳腐化率（=1/9）	11.1%
税率	30.0%
節税効果償却期間	8年

単位：百万円		FY01	FY02	FY03	FY04	FY05	FY06	FY07	FY08	FY09
評価対象技術を使用した製品の売上高	a	1,000	1,200	1,800	1,500	1,700	2,000	1,900	1,800	1,800
税引前想定ロイヤリティ収入	b=a×ロイヤリティレート	30	36	54	45	51	60	57	54	54
技術優位性残存率	c＝1－陳腐化率×g	94.4%	83.3%	72.2%	61.1%	50.0%	38.9%	27.8%	16.7%	5.6%
陳腐化考慮後税引前想定ロイヤリティ収入	d=b×c	28	30	39	28	26	23	16	9	3
税金	e＝－d×税率	(9)	(9)	(12)	(8)	(8)	(7)	(5)	(3)	(1)
税引後想定ロイヤリティ収入	f=d+e	20	21	27	19	18	16	11	6	2
割引期間	g	0.5	1.5	2.5	3.5	4.5	5.5	6.5	7.5	8.5
割引係数	$h=1/(1+割引率)^g$	0.95	0.87	0.79	0.72	0.65	0.59	0.54	0.49	0.44
税引後想定ロイヤリティの現在価値	i=f×h	19	18	22	14	12	10	6	3	1
現在価値合計（A）	104									
償却に係る節税効果（B）＝C－A	28									
償却率	j＝1/節税効果償却期間	0.13	0.13	0.13	0.13	0.13	0.13	0.13	0.13	
節税効果の現在価値	k＝税率×h×j	3.6%	3.3%	3.0%	2.7%	2.4%	2.2%	2.0%	1.8%	
節税効果の現在価値合計	21.0%									
評価額(C)＝A/(1－節税効果の現在価値合計)	131									

＊「節税効果償却期間」は税務上の特許権の償却年数を使用

第2章 無形資産評価の実務 117

図表2−31 「無特許の技術」の評価事例

【主要な前提条件】

割引率	12.0%
ロイヤリティレート	3.0%
陳腐化率（＝1/6）	16.7%
税率	30.0%
節税効果償却期間	5年

単位：百万円

		FY01	FY02	FY03	FY04	FY05	FY06
評価対象技術を使用した製品の売上高	a	1,000	1,200	1,800	1,500	1,700	2,000
税引前想定ロイヤリティ収入	b＝a×ロイヤリティレート	30	36	54	45	51	60
技術優位性残存率	c＝1−陳腐化率×g	91.7%	75.0%	58.3%	41.7%	25.0%	8.3%
陳腐化考慮後税引前想定ロイヤリティ収入	d＝b×c	28	27	32	19	13	5
税金	e＝−d×税率	(8)	(8)	(9)	(6)	(4)	(2)
税引後想定ロイヤリティ収入	f＝d+e	19	19	22	13	9	4
割引期間	g	0.5	1.5	2.5	3.5	4.5	5.5
割引係数	h＝1/(1＋割引率)^g	0.94	0.84	0.75	0.67	0.60	0.54
税引後想定ロイヤリティの現在価値	i＝f×h	18	16	17	9	5	2
現在価値合計（A）	67						

償却に係る節税効果（B）＝C−A	20						
償却率	j＝1/節税効果償却期間	0.20	0.20	0.20	0.20	0.20	
節税効果の現在価値	k＝税率×h×j	5.7%	5.1%	4.5%	4.0%	3.6%	
節税効果の現在価値合計	22.9%						
評価額(C)＝A/(1−節税効果の現在価値合計)	87						

＊「節税効果償却期間」は税務上の営業権の償却年数を使用

(ii) 仕掛中の研究開発

概要

　仕掛中の研究開発の評価においては，インカム・アプローチを採用することが一般的であると考えられる。

　マーケット・アプローチおよびコスト・アプローチによる評価については，マーケットデータの入手や研究開発に要する費用の把握が困難であるため，評

価手法として採用されることは少ない。

インカム・アプローチの中にもさまざまな評価方法が存在するが，仕掛中の研究開発の評価においては，当該開発が将来的に製品化（サービス化）されることによりもたらされる経済的便益を把握することが可能であるため，多期間超過収益法（MEEM）を使用することが望ましい。

前述の既存技術（「特許権を得た技術」，「無特許の技術」）の評価と同様にロイヤリティ免除法による評価も考えられる。

ただし，評価対象の技術が開発中の新技術であることを考慮すると，類似するロイヤリティレート事例を抽出することができない可能性がある点に留意する（本項においては，多期間超過収益法による評価事例を記載する）。

多期間超過収益法は，算定対象の無形資産が使用されている事業全体の利益から，運転資本，有形固定資産など当該無形資産以外の資産に求められる期待収益を控除した残余利益を算定し，その割引現在価値により算定する手法である。

事業計画

仕掛中の研究開発の評価を行うために，仕掛中の研究開発に係る事業計画を入手する。

多期間超過収益法は営業利益をベースに評価を行うため，当該事業計画は営業利益まで把握できるものを入手する。

つまり，開発中の技術を使用した製品の売上高，製造原価，開発が終了するまでに要する開発費用，販管費といった詳細な項目が必要となる。

また，研究開発の状況によっては，各開発フェーズの成功確率（開発が次の開発フェーズへと進む確率）を考慮した事業計画を入手する。

貢献資産コスト

貢献資産コストはキャピタルチャージとも呼ばれる。貢献資産コストは，当該収益を生み出すために使用される運転資本，有形固定資産，その他の無形固

定資産，および労働力などの人的資産に係るコストを指し，一般的に各資産の公正価値に各資産の期待収益率を乗じて計算する（詳細は，「5⑶顧客関連無形資産の評価プロセスとポイント」参照）。

　仕掛中の研究開発に係る貢献資産コストを計算する場合，全社的に使用している資産に係る貢献資産コストと当該開発にのみ使用されている資産に係る貢献資産コストに区分する必要がある。

　つまり，全社的に使用している資産に係る貢献資産コストは，売上高比率等により按分計算した数値が賦課されると考えられるが，当該開発にのみ使用されている資産（研究用機材や設備）に係る貢献資産コストは，全額が賦課される。同様に開発プロジェクトに専属する従業員がいるような場合には，労働力に係る貢献資産コストについても調整を行う。

　また，新製品を製造する場合，評価対象となる技術以外にも複数の技術を使用していることも考えられる。

　このような場合には，評価対象となる技術の残余利益を把握するために，評価対象技術以外の技術にかかる貢献資産コストを算出し，評価に反映させる。具体的には，その他技術のロイヤリティレートを設定し，製品売上高に乗じることで貢献資産を計算し，評価に反映させる。

評価期間の検討

　評価期間は，評価対象の技術を使用した製品のライフサイクルに基づき見積られる。

割引率の検討

　仕掛中の研究開発に使用する割引率は，開発の状況，事業計画等を総合的に考慮し，最終的にはWACCとWARAが整合する範囲において決定されるものと考えられる。

　また，前述の既存技術とのリスクが違う（一般的には既存技術よりも高い割引率になる）点に留意する。

図表2−32 「仕掛中の研究開発」の評価事例

【主要な前提条件】

割引率	15.0%
税引後貢献資産コスト（対売上高）	8.5%
運転資本	1.0%
固定資産	2.0%
労働力	2.5%
その他技術の税引後ロイヤリティレート	3.0%
税率	30.0%
節税効果償却期間	5年

単位：百万円			FY01	FY02	FY03	FY04	FY05	FY06
売上高	a		0	1,900	2,000	2,100	2,200	2,400
製造原価	b		(500)	(600)	(700)	(800)	(900)	(1,000)
評価対象技術の完成までに要する費用	c		(100)	(150)	(200)	(250)	0	0
販管費	d		(300)	(350)	(400)	(450)	(500)	(550)
営業利益	e＝a+b+c+d		(900)	800	700	600	800	850
税金	f＝−e×税率		270	(240)	(210)	(180)	(240)	(255)
税引後営業利益	g＝e+f		(630)	560	490	420	560	595
貢献資産コスト	h＝−a×税引後貢献資産コスト		0	(162)	(170)	(179)	(187)	(204)
仕掛中の研究開発に帰属する残余利益	i＝g+h		(630)	399	320	242	373	391
割引期間	j		0.5	1.5	2.5	3.5	4.5	5.5
割引係数	k＝1/(1＋割引率)^j		0.93	0.81	0.71	0.61	0.53	0.46
税引後想定ロイヤリティの現在価値	l＝i×k		(587)	323	226	148	199	181
現在価値合計(A)		490						
償却に係る節税効果(B)＝C−A		135						
償却率	m＝1/節税効果償却期間		0.20	0.20	0.20	0.20	0.20	
節税効果の現在価値	n＝税率×k×m		5.6%	4.9%	4.2%	3.7%	3.2%	
節税効果の現在価値合計		21.6%						
評価額(C)＝A/(1−節税効果の現在価値合計)		624						

＊「節税効果償却期間」は税務上の営業権の償却年数を使用

9　人的関連無形資産の評価方法

(1)　人的関連無形資産の概要

　人的関連無形資産は，企業が保有する組織化された労働力（Assembled Workforce）の価値を示す。組織化された労働力は，IFRS第3号およびASC805において，無形資産の識別要件（契約法的要件，分離可能性要件）を満たすとしても，個別の無形資産として貸借対照表に計上されることはない。

　組織化された労働力の価値を算定する理由は，評価方法として多期間超過収益法を使用する場合に貢献資産コストを計算し，評価に反映させるためである。

　多期間超過収益法の評価は，評価対象の無形資産に帰属する残余利益に基づき行われるため，組織化された労働力に係る貢献資産コストも控除する必要がある。

(2)　業務プロセス

　人的関連無形資産の評価プロセスは，図表2－33のとおりである。

図表2－33　人的関連無形資産の評価プロセス

従業員数等の把握

【評価手法の検討】
●マーケット・アプローチ
●インカム・アプローチ
●コスト・アプローチ

評価手法の決定

【評価に必要なデータの入手】
●雇用費用
●トレーニング費用
●従業員数の予測数値

【評価モデルの作成】

評価実施

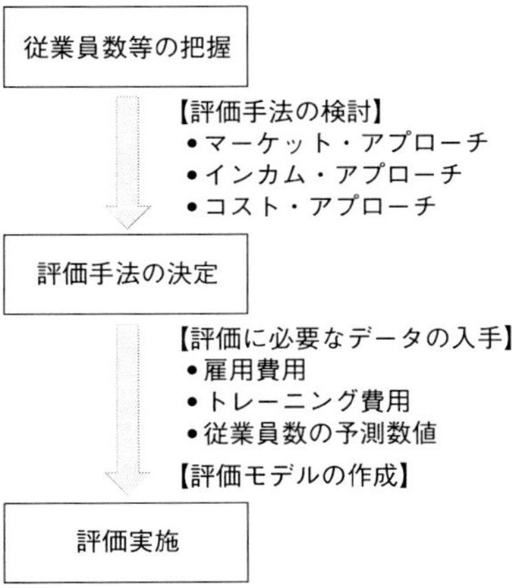

組織化された労働力を評価する上で，被取得企業の従業員数等を把握することは最初のステップである。基本的には評価基準日時点の従業員が労働力評価の対象となるため，職階ごとの従業員数や雇用形態等を把握する。

また，労働力評価の範囲が限定されるケースも考えられるため，部署・組織ごとの従業員数を把握する。

(3) 人的関連無形資産の評価方法

一般的に組織化された労働力を評価する場合は，コスト・アプローチを使用することとなる。

取得企業からすると，被取得企業の組織化された労働力を獲得することで，以下のようなコストの削減が可能となる。

雇用費用
企業が新たに従業員を雇用する場合には，費用が発生する。 　たとえば，ある程度の技能を有する従業員を採用する場合には，外部の人材紹介会社への紹介料の支払い，募集にかかる広告費用等が発生すると考えられる。 　また，採用時の面接に係るコスト（面接官のコスト等）も発生する。
トレーニング費用
企業が新たに従業員を雇用した場合，雇用後にトレーニングを行うと考えられる。 　たとえば，管理職を新規で採用した場合，管理職に求められる業務を遂行できるようになるために，一定程度のトレーニング期間を設けているようなケースがある。 　このようなケースにおいては，トレーニング期間は新規採用の従業員は業務を行わないため，機会費用が発生する。 　また，トレーニングを行うトレーナーもトレーニング期間は業務を行わないため，同様に機会費用が発生する。

取得企業は，仮に被取得企業の従業員を新規で再雇用することを想定し，雇用費用およびトレーニング費用を集計し，コスト・アプローチにより組織化された労働力の評価を行う。

(4) 人的関連無形資産の評価プロセスとポイント

組織化された労働力をコスト・アプローチで評価する上では，被取得企業か

らさまざまな情報を得る必要がある。

　以下のようなテンプレートを作成し，被取得企業からデータを入手すること
は有用である。

図表２－34　テンプレートの概要

A) 職階	B) 従業員数（人）	C) 平均年収	D) その他人件費 比率（％）	E) 1人当たり 採用コスト

F) 1人当たり インタビュー コスト	G) トレーニング 期間（週）	H) トレーニング 時間の割合 （％）	I) トレーナーに 係るコスト	J) 1人当たり 直接研修費

A）職階
役員，部長，課長等の役職名を記載する。B）以降のデータの把握が可能な範囲で職階を区分する。
B）従業員数
各職階の人数を記載する。
C）平均年収
賞与・残業代を含む1人当たり平均年収を記載する。
D）その他人件費比率
平均年収に対する福利厚生費等のその他人件費比率を記載する。
E）1人当たり採用コスト
1人当たりの人材紹介会社への紹介手数料や募集に係る広告宣伝費等を基に見積りを行う。 1人当たり採用コストは，職階によっては過去において中途採用が行われていない等，実績データを入手することが困難である状況が想定される。このような場合であったとしても，一定の想定（たとえば，X職階では実績データはないが，業務内容等が近いY職階の実績データを使用する等）を置いてコストを見積ることとなる。
F）1人当たりインタビューコスト
面接官の人件費（たとえば，1回の面接が課長1人・2時間の場合は，課長の年収から1時間当たりの単価を推定し，2時間分を記載する等），採用候補者の交通費等を基に見積りを行う。
G）トレーニング期間
平均的な中途採用入社者のOJT期間等を基に見積りを行う。
H）トレーニング時間の割合
トレーニング期間がOJT期間の場合，トレーニング期間は実際にトレーニングを行っている時間と業務を行っている時間に区分されると考えられるため，当該項目ではトレーニング期間に占める実際のトレーニング時間の割合を記載する。 日本企業の場合は，時間ごとにどのような業務・トレーニングを実施したかを詳細に記録した勤務表がない場合が多い。 このような場合であっても，被取得企業の人事関連部署（人事部等）が想定する割合等を参考に見積りを行う。
I）トレーナーに係るコスト
トレーナーの年収，トレーニング期間・トレーニング時間の割合等を基に見積りを行う。
J）1人当たり直接研修費
外部から講師を招いての研修に要する費用等を基に見積りを行う。

| 図表2−35 | テンプレート入力イメージ |

（単位：円）

A)	B)	C)	D)	E)
職階	従業員数（人）	平均年収	その他人件費比率（%）	1人当たり採用コスト
A	100	7,000,000	10%	1,400,000
B	200	6,000,000	15%	1,200,000
C	300	5,000,000	20%	1,000,000

F)	G)	H)	I)	J)
1人当たりインタビューコスト	トレーニング期間（週）	トレーニング時間の割合（%）	トレーナーに係るコスト	1人当たり直接研修費
20,000	2	30%	100,000	1,000
15,000	4	40%	200,000	1,000
10,000	6	50%	300,000	1,000

10　無形資産評価実務上の論点

(1)　事業計画の検討

　無形資産の評価を実施するにあたってベースとなるのが，被取得企業の実績財務情報ならびに事業計画である。無形資産の評価においては，主にロイヤリティ免除法や多期間超過収益法等のインカム・アプローチにて価値算定を実施することが多いため，各無形資産に帰属する将来キャッシュ・フローの推計において事業計画の情報をどう使用するかが重要となる。

　一概に「事業計画」といっても，無形資産評価が取得企業による被取得企業の取得手続が終了した後において実施されるため，使途・目的の異なるさまざまな計画数値が存在する場合がある。たとえば，買収価額の決定において使用された計画や，買収後のさまざまなシナジーが考慮された計画数値などが挙げられる。

　本項においては，無形資産評価に使用する事業計画を検討するにあたって，

考慮すべき事項について解説する。

① 事業計画（予測キャッシュ・フロー）と無形資産との関係

まず，事業計画の財務情報を基に計算される予測キャッシュ・フローが，無形資産評価にどのように影響（配分）されるかを示したのが図表2－36となる。

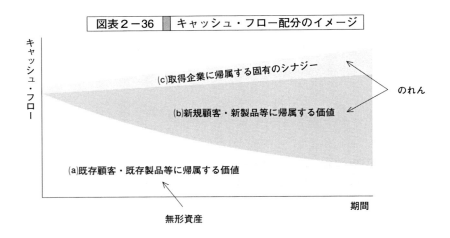

予測キャッシュ・フローは，大まかに(a)既存顧客・既存製品等に帰属する価値，(b)新規顧客・新製品等に帰属する価値，および(c)取得企業に帰属する固有のシナジーに分けることができる。なお，無形資産に帰属するキャッシュ・フローは(a)に帰属する価値であり，のれんは(b)および(c)に帰属する価値が該当すると考えることができる。

無形資産評価を実施するにあたっては，被取得企業の事業計画から，どのような前提を用いて無形資産に帰属するキャッシュ・フローを抽出するかをさまざまな評価アプローチ，前提条件等を用いて検討していく必要がある。

② 市場参加者の観点に基づく事業計画の選定

上述したとおり，無形資産評価は，取得企業による被取得企業の取得終了後

第2章　無形資産評価の実務　127

に行われるプロセスであるため，作成者や作成の目的等が異なる多種多様な計画数値が存在する場合がある。無形資産評価を実施する際に，複数の事業計画が存在する場合，どの計画数値を使用するかを慎重に検討する必要がある。

　採用する事業計画を検討する際，前提として考えなければいけないのは，無形資産評価の目的が，当該資産の公正価値の測定であるということである。国際財務報告基準および米国基準にて公正価値の定義が規定されており，無形資産評価は市場参加者（Market Participant）が考慮すると考えられる前提に基づき作成された予測キャッシュ・フローを使用する必要がある。

公正価値の定義（IFRS第13号／ASC820号）

　"測定日時点で，市場参加者間の秩序ある取引において，資産を売却するために受け取るであろう価格又は負債を移転するために支払うであろう価格"
　"The price that would be received to sell an asset or paid to transfer a liability in an orderly transaction between market participants at the measurement date"

　事業計画に基づく予測キャッシュ・フローを推計するにあたって市場参加者の概念を勘案した場合，被取得企業のスタンドアローンベースの予測キャッシュ・フローに，市場参加者が享受するシナジー（「③シナジー」参照）のみを考慮した計画数値を使用する必要がある。無形資産評価に使用される事業計画が，市場参加者が考慮する前提から乖離している場合，無形資産の評価額が公正価値から乖離してしまう危険性がある。その際は，必要に応じて事業計画を補正し，市場参加者の概念に合致した計画数値を準備する必要がある。

③　シナジー

　M&A時においてよく聞かれる「シナジー」には，売上シナジーやコストシナジー等さまざまなシナジー効果を列挙することができる。公正価値の測定においてこのシナジー効果を勘案すると，大きく分けて「市場参加者が享受するシナジー」および「取得企業固有のシナジー」の2つに分類して，それぞれのシナジーを分析・検討する必要がある。

市場参加者が享受するシナジー（Market Participant Synergies）
2社以上の市場参加者が享受すると想定されるシナジーを意味する。 　公正価値の定義における市場参加者の概念に合致しており，無形資産評価の前提となる将来キャッシュ・フローに含めるべきシナジー効果として考えられている。

取得企業固有のシナジー（Entity-specific Synergies）
特定の取得企業にのみ起因する固有のシナジーを意味する。 　市場参加者が想定するシナジー効果とは異なる特有の超過収益であり，公正価値の概念には合致しないことから，のれんの一部として構成される価値に属すると考えられている。

　シナジー効果の分析にあたっては，容易に事業計画にて分類できるものもあれば，評価者の判断によって決定する必要があるケースも存在する。取得企業がM&Aを検討する際は，社内資料にて被取得企業を取得することによるシナジー効果を分析している場合が多い。無形資産評価の際には，当該資料が有益な情報となりうるので，被取得企業を分析する際に入手しておくことが望ましい。

④　事業計画の分析

　事業計画は，被取得企業の将来予測に関して，財務会計，税務やファイナンス等の観点から，数字に落とし込んだものである。この事業計画が基となり，無形資産評価に使用する予測キャッシュ・フローを特定していくため，事業計画の分析は慎重に進めていく必要がある。

　無形資産評価に使用する事業計画の分析において，通常考慮すべき項目として，(a)事業環境，(b)事業構造および(c)業績指標の3つが挙げられる。以下，この3点につき説明する。

(a)事業環境分析	・事業計画の背景をなすマクロ環境（政治，経済等）や業界固有の環境，また競合他社の動向等に関する認識について確認する。 ・市場の成長性や，顧客・競合他社の動向等を分析することによって，被取得企業が置かれている立ち位置と事業計画との関係性について把握する。

(b)事業構造分析	• 被取得企業のビジネスプロセスの機能について分析を行い，被取得企業が事業計画にて期待される水準の収益性を有しているかを検討する。 • 特に複数の事業領域を有する会社の場合，各事業において売上高成長率，マーケットシェア，市場成長率等を分析の上，各事業のリスク要因を把握する。
(c)業績指標分析	• 各業界における重要な財務会計や管理会計上の指標について，事業計画上の前提条件と被取得企業の過去トレンドを，業界のベンチマーク等と比較する。 • 事業計画上の収益性，コスト構造，資本効率等が，アグレッシブまたは保守的な水準にて想定されていないかを確認する。

　これらの分析を通じて，採用された前提条件が過去実績やマーケット環境との整合性を有しているか，どのような見通しを経営陣として持っているか等，被取得企業の事業内容の理解を深めていくことが，評価手続において重要なプロセスである。

(2)　割引率の検討

　PPA の際に実施する無形資産評価において，各無形資産に適用する割引率（期待収益率）は，内部収益率（IRR），加重平均資本コスト（WACC）ならびに加重平均資産収益率（WARA）を分析の上，判断される。評価実務の観点では，IRR および WACC をベースとして，各固定資産ならびに無形資産に適用すべき割引率（期待収益率）を WARA の分析を通じて決定されるのが一般的なアプローチである。

　本項では，IRR，WACC および WARA の概念，ならびに各無形資産の算定に適用される割引率（期待収益率）の考え方につき解説する。

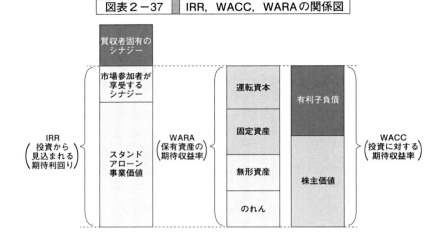

図表2-37　IRR, WACC, WARAの関係図

① WACC

　加重平均資本コスト（WACC：Weighted Average Cost of Capital）は，株主資本コスト（Cost of Equity）と負債コスト（Debt Cost）を加重平均した値であり，企業全体の投下資本に対する期待収益率を意味する。WACC算定に適用する個々の前提条件は，一般的な市場参加者（「10⑴②市場参加者の観点に基づく事業計画の選定」参照）が考慮するであろう水準にて設定されることにより，公正価値の概念に合致したWACCを算定することが可能となる。

図表2-38　WACC計算式

$$WACC = C_{e(+r)} \times E/(E+D) + K_d \times D/(E+D)$$

$C_{e(+r)}$：株主資本コスト
Kd：負債コスト
D　：有利子負債
E　：株主価値

第2章　無形資産評価の実務　131

(i)　株主資本コストの推計

　株主資本コストは，株主が投資先企業に対して期待する利回りを意味し，資本資産評価モデル（CAPM：Capital Asset Pricing Model）に基づき，計算されるのが一般的である。このCAPMは，リスク・フリーレート，ベータ値，ならびに市場リスク・プレミアムによるシンプルな数式にて，株主資本コストを算定するアプローチである。また，実務においては，CAPMにて反映されていない固有のリスクを別途考慮する場合もある。

図表2－39 ｜ CAPM計算式

【CAPMによる株主資本コストの算出式】

$$C_e = R_f + \beta \times R_p$$

【その他固有のリスク・プレミアムによる調整】

$$C_{e+r} = C_e + r_s$$

R_f：リスク・フリーレート
β：ベータ値
R_p：市場リスク・プレミアム
r_s：その他固有のリスク・プレミアム

リスク・フリーレート	・リスクがない資産に対して投資する際の利回りを意味する。 ・日本では，新発10年国債利回りが一般的に用いられている。
ベータ値	・市場平均株価の変動率に対する対象株式の感応度を示す指標である。 ・類似上場会社のベータ値を用いて，被取得企業が営む事業の市場環境に対する感応度（リスク）を示す指標として使用される。 ・ベータ値が1であれば市場が1％上昇した時に対象株式も1％上昇し，対象株式のリスクが市場全体のリスクと同じことを意味している。
市場リスク・プレミアム	・株式市場に対する期待収益率のことを表しており，無リスクで投資可能な利回りと比較した，株式市場の超過利回りに相当する。

	・株式市場全体の利回りとリスク・フリーレートとの差に相当する。
その他固有の リスク・プレミ アム	・CAPMで算出される株主資本コストにおいて考慮されていないリスクを調整する。 ・例示としては，規模リスク・プレミアム，カントリーリスク・プレミアム等が挙げられる。

(ii) 株主資本コストのレバレッジ

　株主資本コストの推計に使用するベータ値は，類似上場会社のベータ値を参考に決定される場合が一般的である。しかし，各類似上場会社によって負債比率に違いがあり，レバレッジによるリスクの差異がベータ値にも反映されていることから，株主資本コストの推計に使用するベータ値は，当該差異も勘案した上で決定する必要がある。

　評価実務においては，マーケットから推計される類似上場会社のベータは，各社のレバレッジが考慮されている値（レバードベータ）であることから，負債比率をゼロと仮定した場合のベータ値（アンレバードベータ）に変換した上で，被取得企業を評価する際に市場参加者が考える適正な資本構成比率にてリレバレッジしたベータ値（リレバードベータ）を使用する。

　以下，レバードベータをアンレバード化し，リレバードベータを計算するプロセスを紹介する。

図表２－40	アンレバード／リレバード計算式

$$\beta_U = \beta_L / [1 + (1-t) \times D/E]$$
$$\beta_{RL} = \beta_U \times [1 + (1-t) \times D/E]$$

β_L ：レバードベータ
β_U ：アンレバードベータ
β_{RL}：リレバードベータ
t ：実効税率
D ：有利子負債
E ：株主価値

第2章　無形資産評価の実務　133

アンレバードベータの計算事例

　本事例では，市場から類似会社のレバードベータが1.20と観察されており，当該類似会社の負債比率，資本比率および実効税率を使用して，アンレバードベータを計算する。

図表2－41	アンレバードベータの計算事例

【前提条件】

レバードベータ	1.20
実効税率	30%
負債比率	0.30
資本比率	0.70

$\beta_U = \beta_L / [1+(1-t) \times D / E]$
$0.92 = 1.20 / (1 + (1-30\%) \times 0.30 / 0.70)$

リレバードベータの計算事例

　次に，計算したアンレバードベータを使用し，被取得企業の適切な負債／資本比率にてリレバードベータを計算する。本事例では，市場参加者が考える適正な資本構成比率（負債：資本の比率）が50％：50％と仮定して計算している。

図表2－42	リレバードベータの計算事例

$\beta_{RL} = \beta_U \times [1+(1-t) \times D / E]$
$1.57 = 0.92 \times (1 + (1-30\%) \times 0.50 / 0.50)$

② IRR

　内部収益率（IRR：Internal Rate of Return）は，一般的に投資から見込まれる利回りのことであり，投資プロジェクトのNPV（正味現在価値，Net Present Value）がゼロになる割引率を意味する。

　無形資産評価においては，評価に使用する事業計画ならびに取得価額との関

係を分析する指標として使用する。具体的には，事業計画から算出される予測キャッシュ・フローから算定した価額が買収価額となるために，取得企業が取得価額に要求する期待利回り（割引率）が何％になるかを逆算することになる。

図表2－43の例示においては，取得価額が6,000であると仮定した場合の，事業計画から計算されるフリー・キャッシュ・フロー（FCF）を算出の上，IRRが12.1％と計算されている。この際に，IRRの計算はエクセル上の「ゴールシーク」機能を用いて計算するのが一般的である。最終的な事業価値（買収価額）が決まっているため，割引前のFCFを用いて割引率（IRR）を何％に設定したら事業価値が取得価額と合致するか，当該機能を用いて逆算するのである。

図表2－43 IRR計算事例

前提条件	
長期成長率	1.0%
実効税率	30.0%

		X1年	X2年	X3年	継続価値
税引前利益		1,000	1,070	1,102	1,113
法人税等		(300)	(321)	(331)	(334)
税引後利益		700	749	771	779
運転資本増減額		(95)	(140)	(64)	(22)
設備投資		(200)	(300)	(300)	(303)
減価償却費		400	350	300	300
フリーキャッシュフロー		805	659	707	754
継続価値					6,808
割引期間（年数）		0.5	1.5	2.5	2.5
割引計数		0.91	0.76	0.63	0.63
各期間の現在価値		735	501	448	4,316
事業価値	6,000				
IRR	12.1%				

第2章　無形資産評価の実務　135

(i)　IRRとWACCとの関係性

前掲図表2-37にて示したとおり，IRRの算定においては，スタンドアローンの事業価値に各種シナジー（市場参加者が享受するシナジー，取得企業に帰属するシナジー等）が関係するため，IRR＝WACCとの関係にならないケースも見受けられる。IRRの分析においては，IRRとWACCの差異がどのような意味をもつのかを理解する必要がある。

図表2-44は，IRRおよびWACCとの差異において，一般的に考えられる要因について，まとめたものである。

図表2-44　IRRとWACCの差異要因

IRR＝WACC	・一般投資家が考える価値と同程度の価額での取得 ・事業計画上のFCFをWACCで割り引いた事業価値が取得価額と同等
IRR＞WACC	・一般投資家が考える価値より低い価額での取得 ・一般投資家が考えるキャッシュ・フローよりも強気な事業計画の可能性 ・取得企業に帰属する固有のシナジー等の一般投資家が考慮しない前提が事業計画に含まれている可能性
IRR＜WACC	・一般投資家が考える価値より高い価額での取得 ・一般投資家が考えるキャッシュ・フローよりも弱気な事業計画の可能性 ・市場参加者が享受するシナジー等の一般投資家が考慮する前提が事業計画に含まれていない可能性

③　WARA

加重平均資産収益率（WARA：Weighted Average Return on Assets）は，有形・無形の各事業資産の期待収益率を資産残高（公正価値）にて加重平均した値である。

無形資産評価においては，株主ならびに債権者が期待する利回りの加重平均値（WACC）をベンチマークとし，有形資産（運転資本，固定資産等）ならびに無形資産（のれんを含む）において，それぞれの期待利回りを加重平均した値との整合性の分析をWARAを通じて実施する必要がある。

WARAを算定した際に，その水準がWACCやIRRと大きく乖離している場合は，各無形資産に適用している期待利回り（割引率）が適正な水準ではない可能性，WACCが被取得企業のリスクを適切に表していない可能性等，さまざまな要因が考えられる。そのため，WACCおよびIRRとWARAの差異については，その理由を検証の上，無形資産の評価結果の妥当性を分析していく必要がある。

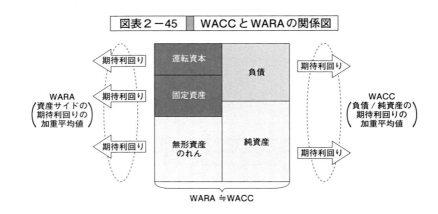

図表2-45　WACCとWARAの関係図

④　期待収益率

　期待収益率は，有形および無形の個々の資産がもつリスクに応じて設定された割引率のことである。有形資産（運転資本，固定資産等）および無形資産（のれんを含む）を比較した場合，それぞれの資産から期待されるキャッシュ・フローについては，無形資産のほうが有形資産よりも高いリスクが生じると考えられる。

　図表2-46は，各資産に適用する期待収益率の例示である。WACCを9.0%と想定した場合に，ブランド ➡ 技術 ➡ 顧客関係と期待収益率が高くなっているのは，各無形資産を評価する際のキャッシュ・フローの不確実性や評価期間等を参考に設定されたためであると仮定している。また，のれんは無形資産評価を実施した後の残余の資産であるため，通常は無形資産へ適用する期待収益

率よりも高い水準のものが適用される。

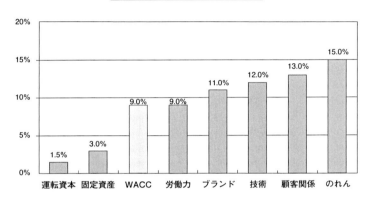

(i) WARAの計算事例

　無形資産の評価にあたって，実際にWARAがどのように計算されているかを示したのが図表2－47である。本事例では，上記の図表2－46と同じ期待収益率を使用し，WARA分析を実施している。被取得企業の取得原価を3,000とし，この額が事業価値と同じであると仮定，またWACCは9.0%と想定している。オンバランス資産および各無形資産への期待収益率（割引率），ならびに各資産の公正価値との加重平均値を合計した数値がWARAとなる。

　本事例ではWACCおよびWARAが9.0%で一致している結果となっており，オンバランス資産，無形資産およびのれんに適用された期待収益率が合理的な水準にあると考えることができる。

　なお，WACCとWARAの乖離が大きい場合は，WACCや無形資産評価に使用した前提条件，ならびに各有形・無形資産に適用した期待収益率が，公正価値に適用すべき水準より逸脱している可能性を示唆している。このような場合は，WACCや無形資産評価に適用した各々の前提条件を再度精査することが望ましい。

	公正価値	構成比	期待収益率	加重平均期待収益率
運転資本	400	13.3%	1.5%	0.2%
固定資産	800	26.7%	3.0%	0.8%
オンバランス資産 計	1,200	40.0%	2.5%	1.0%
ブランド	200	6.7%	11.0%	0.7%
技術	300	10.0%	12.0%	1.2%
顧客関係	500	16.7%	13.0%	2.2%
無形資産 計	1,000	33.3%	12.3%	4.1%
労働力	50	1.7%	9.0%	0.2%
のれん	750	25.0%	15.0%	3.8%
のれん 計	800	26.7%	14.6%	3.9%
事業価値	3,000	100.0%	WARA	9.0%

図表2-47　WARA計算事例

(3) 償却に係る節税効果の考慮

① 償却に係る節税効果の基本的な考え方

　償却に係る節税効果（TAB：Tax Amortization Benefit）は，資産計上された無形資産を償却することにより得られる節税メリットの価値を無形資産の評価額に反映させるための評価項目である。なお，TABは評価上の概念であり，税法や会計基準において表記されているものではない。

　日本において企業結合が株式取得にて行われる場合，通常，被取得企業の課税基準が継承されるため，被取得企業が保有する資産の課税基準に変化はない。しかしながら，評価目的が公正価値の測定である場合，無形資産の評価においてTABを認識することが実務として行われている。これには，取得した無形資産に節税メリットが得られない取引（資産取得ではなく非課税の企業結合の場合等）も含まれる。

この考え方の背景には，税務上どのようなストラクチャーにて被取得企業を取得した場合においても，市場参加者の観点に立った公正価値は，買収によって取得された無形資産の価値と同じでなければならないという認識がある。そのため，無形資産を単独で取得した場合，当該無形資産を償却することにより節税メリットが得られると想定されるのであれば，公正価値の観点からも無形資産の償却に伴う節税メリットを考慮する必要がある。

② 実務上の取扱い

日本の評価実務においては，無形資産評価をする際にTABを考慮することは一般的である。しかし，無形資産に適用する評価アプローチによって，図表2－48のようにTABの認識の仕方が異なることに留意する必要がある。

図表2－48　評価アプローチによる認識の違い

評価アプローチ	TABの認識
インカム・アプローチ	○
マーケット・アプローチ	×
コスト・アプローチ	△

インカム・アプローチを用いて無形資産評価を実施する際は，TABを考慮することが一般的である。しかし，マーケット・アプローチの評価においては，倍率等を算定するベースとなる市場で取引されている価額が，すでに節税メリット等の税金の影響を考慮した上で決められていると考えられることから，TABを考慮しないのが一般的である。

なお，コスト・アプローチにおいては，実務上TABを含める／含めないの両アプローチが行われている。節税効果を考慮する場合は，集計するコストを税引後に調整した上で評価を実施し，別途TABを加算することになる。一方，節税効果を考慮しない場合は，集計するコストを税引前ベースで使用するため，TABを加算する必要はない。

コスト・アプローチにて TAB を含める / 含めないの考え方は，税引後およ
び税引前のコストと整合した考え方が取られることから，両ケースにおいての
評価結果に大きな違いはみられない。

③　償却年数の決定

日本において，償却に係る節税効果の算定に適用する償却年数は，法人税法
の無形減価償却資産の耐用年数表（別表第三）の年数を使用するのが一般的で
ある。図表 2 -49は，当該年数表にて，無形資産評価に使用するケースの多い
種類につき列挙している。

図表 2 -49 ■ 税務上の償却年数

種類	年数	備考欄
特許権	8 年	
商標権	10年	
ソフトウェア	3 年	販売目的の場合
	5 年	その他
営業権（資産調整勘定）	5 年	

なお，上記リストに記載のない無形資産（顧客関連等）においては，営業権
（資産調整勘定）の 5 年を使用するのが実務上一般的である。また，特許権や
商標権のように税務上の償却年数が定められている無形資産の場合においても，
技術・ノウハウ，顧客との関係等が複合的に合わさっての価値として評価され
る場合もあり，その際は営業権（資産調整勘定）の 5 年を使用して，償却によ
る節税効果を計算しているケースが多いと思われる。

④　償却に係る節税効果の計算例

図表 2 -50においては，節税効果考慮前の評価額を100とし，割引率 8 ％，
実効税率30％，および税務上の償却年数を 5 年と仮定した場合の TAB を計算
している。また，図表 2 -51において，TAB を計算式にて算出する方法につ

いて紹介する。

図表2−50　償却に係る節税効果の計算例

【前提条件】

節税効果考慮前の評価額	100
節税効果償却期間	5年
割引率	8.0%
実効税率	30.0%
割引期間	期央主義

			X1年	X2年	X3年	X4年	X5年
節税効果考慮前の評価額	a	100					
償却係数	b＝1/5年		20.0%	20.0%	20.0%	20.0%	20.0%
実効税率	c		30.0%	30.0%	30.0%	30.0%	30.0%
節税率	d＝b×c		6.0%	6.0%	6.0%	6.0%	6.0%
割引期間	e		0.5	1.5	2.5	3.5	4.5
割引率	f＝1/(1+WACC)^e		96.2%	89.1%	82.5%	76.4%	70.7%
節税効果の現価係数	g＝d×f		5.8%	5.3%	4.9%	4.6%	4.2%
節税効果の現価係数 計	h＝sum(g)	25%					
償却に係る節税効果(率)	i＝1/(1-h)-1	33%					
償却に係る節税効果(額)	j＝a×i	33					
節税効果考慮後の評価額	k＝a+j	133					

図表2−51　償却に係る節税効果の計算例

$$TAB = PVCF \times (n/(n-((PV関数(DR, n, -1) \times (1+DR)^{0.5} \times tax))-1)$$

TAB　：償却に係る節税効果
PVCF：節税効果考慮前の評価額
n　　：償却期間
PV　 ：関数エクセルのPV（Present Value）関数
DR　 ：割引率
tax　：実効税率

例：33 ＝100×（5年/（5年−（(PV(8％, 5年, −1)×(1+8％)$^{0.5}$)×30％)）−1)

　なお，TABの考え方は無形資産評価の固有の論点であるため，上記の計算

プロセスを理解するのは難しい。図表2－52はTABの計算プロセスを図式化したものであり，参考にしてほしい。

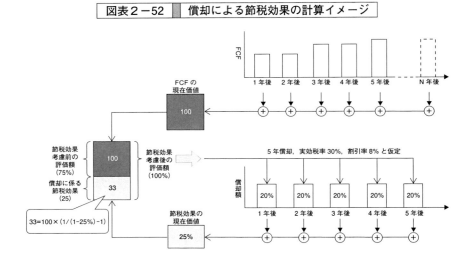

(4) 防御的無形資産 (Defensive Intangible Assets)

① 防御的無形資産の基本的な考え方

　企業結合において，取得企業が取得した無形資産（例：商標権，特許権 等）を競合他社によって使用されることを防ぐ目的等から，使用しないか，あるいは他の市場参加者とは異なる方法で使用することで，その無形資産が防御的価値（競争力の保護）を有する場合がある。その場合の無形資産を防御的無形資産という。

　防御的無形資産については，米国基準にて平成20年（2008年）11月，FASB論点08-7号「防御的無形資産の会計処理」にてEITFコンセンサスが承認された（現在のASC350-30-25-5「無形資産－のれんおよびその他：防御的無形資産」が該当する）。また，公正価値を定義するIFRS第13号およびASC820

第2章　無形資産評価の実務　143

号の両基準において，公正価値の測定は最有効使用（Highest and best use）を行うことを前提とすると規定されており，無形資産を防御的な目的から最有効使用しない場合においても，市場参加者の観点から最有効使用した場合の公正価値を測定しなければならない。（日本基準においては，防御的無形資産に関する記述は見受けられない。）

なお，取得した防御的無形資産の耐用年数は，価値が消滅するまでの期間に基づく必要がある。論点08-7号では，防御的無形資産の耐用年数が不確定とみなされることは稀であると規定している。

② 防御的無形資産の評価事例

本項においては，具体的に防御的無形資産がどのようなケースにおいて認識されるかにつき，設例として多く使用されている商標権を通じて評価手続を説明する。

設例2-6　防御的無形資産の評価

前提条件

- スポーツ用品事業を営むA社（取得企業）は，同業種であるB社（被取得企業）を子会社化した。
- B社は「XYZ」というブランドにてスポーツ用品を販売しており，市場においても一定の認知度を有している。
- 本買収後，A社は「XYZ」のブランドは使用せず，B社関連の用品もすべてA社の「ABC」ブランドにて販売する計画を持っている。
- B社の「XYZ」ブランドに適用される市場の一般的なロイヤルティ料率はa％で，B社の予測キャッシュ・フローを基に評価をしたところ，「XYZ」ブランドの公正価値は10億円と算定された。

> **結論**
>
> 「XYZ」ブランド10億円を無形資産として計上する。
>
> - Ｂ社の「XYZ」ブランドは，10億円の公正価値を有しているが，Ａ社が買収後に使用しないため，その際の当該無形資産をどう認識するかが問題となる。
> - 企業結合時においては，たとえ使用する意思がなくとも，無形資産としての価値を有している場合は，当該無形資産を認識／計上する必要があるため，Ａ社は「XYZ」ブランドを無形資産として計上する必要がある。
> - なお，当該ブランドの償却期間は，防御的効果が得られる期間等の当該無形資産の経済的耐用年数に基づくと考えられる。

(5) 再取得した権利 (Reacquired Rights)

① 再取得した権利の基本的な考え方

再取得した権利とは，企業結合の一部として，取得企業が買収以前に被取得企業に対して付与していた無形資産的な価値を有する権利（例：フランチャイズ契約，技術ライセンス契約 等）を再取得する場合に認識する無形資産である。この無形資産は，公正価値の測定原則に対する例外として，ASC805号およびIFRS第3号にて規定されている。（なお，日本基準においては，当該権利に関する記述は含まれていない。）

再取得した権利においては，公正価値の測定原則である市場参加者の観点や最有効使用等の概念は無視し，関連する契約の契約条件（残余期間，ロイヤリティ料率等）を基礎に，当該権利の価値を測定する。また，再取得した権利を生じさせる契約の条件が，現在の市場取引の条件と比べて有利または不利である場合，取得企業は決済利得または損失を認識しなければならない旨が規定されている。

第2章　無形資産評価の実務　145

②　再取得した権利の評価事例

　再取得した権利は，公正価値測定の例外に含まれる無形資産であるため，具体的にどのように認識／評価しているかがイメージしにくいと思われる。以下，設例を通じて，再取得した権利の評価手続について説明する。

設例2−7　　**再取得した権利の評価**

前提条件
- A社（取得企業）は，B社（被取得企業）に対してレストランチェーンのフランチャイズ権を付与している。
- A社は，B社株主に100億円を支払って子会社化した。
- B社に付与しているフランチャイズ権を，当該権利の契約条項およびB社の予測キャッシュ・フローを基に評価したところ，A社は取得日時点にフランチャイズ権を通じて30億円の価値を有していると測定された。
- フランチャイズ権に含まれている商標利用権に使用されているロイヤリティ料率を市場の一般的な水準と比較したところ，市場取引の条件と比べて高い料率（B社が不利な条件）が設定されていることが判明した。なお，不利な条件の価値（市場の一般的な水準との差額）を評価したところ，取得日時点にて5億円であると測定された。

結論

再取得の権利25億円を無形資産として計上する。
- フランチャイズ権は，当該権利の契約条項を基に取得日時点の価値を評価した場合，30億円と測定されたが，そのうち5億円は不利な条件による価値である。この場合，A社は25億円（＝30億円−5億円）を再取得の権利として無形資産に認識する。なお，再取得の権利25億円は，フランチャイズ権の残契約期間に基づき償却される。

- 不利な条件の5億円の価値部分については，結合日時点での損失として費用計上する。

第3章

固定資産評価の実務

取得原価の配分作業では，前章にて取り上げた無形資産だけでなく，有形資産への配分が必要となる場合もある。本章においては，一般的に金額的重要性が高く，論点となることが多い機械・設備などの動産，および土地・建物などの不動産の評価実務について解説する。

1 動産の評価技法・評価実務

これまで我が国では動産をさまざまな手法で時価評価するということはほとんど行われず，減価償却後の簿価をもって時価相当額とみなすことが一般的であった。しかし，一定の税務・会計ルールに基づいて毎期計算される償却後簿価と実際の経済的価値は必ずしも一致するものではなく，たとえば，会計上の償却を終えた機械設備が生産活動を通じて引き続き保有者に相応の経済的便益をもたらしているような場合，当該設備の価値をどう考えるべきかといった問題に応えることが困難であった。

また，鑑定士制度が確立されている不動産評価と異なり，動産評価は専門資格制度が存在せず，評価手続についても不動産鑑定評価基準のように体系化されていないことも，動産の時価評価が実施されてこなかった大きな要因であろう。一方，欧米においては，さまざまな動産の評価手法に関する研究が進み，

評価専門家の資格制度や評価基準も整備されている[1]。また，財務諸表に時価を表示する場合にも評価数値を用いることが一般的となっている。

近年，時価会計の浸透や企業買収の増加に伴って，我が国でも動産の評価慣行が広まりつつある。たとえば，企業買収時に取得原価配分（PPA）目的で動産の評価を実施する場合，被取得企業の事業内容によっては動産が不動産よりはるかに大きなウェイトを占めることも少なくないが，そのようなケースでは動産の実態的価値把握は重要であり，加えて会計監査への対応という意味でも，動産評価の手法や手続の概要について理解しておくことは重要である。

(1) 動産の種類と評価手法

不動産と比較した場合，評価対象としての動産の最大の特徴は，評価対象資産の種類が多く，一般機械から車両，ソフトウェアに至るまで多種多様な資産が評価対象に含まれるという点であろう。

図表3-1は，業種別に評価対象とされる主要な資産の類型を示したものである。評価対象は必ずしも有形固定資産に限定されず，金融機関やIT業界におけるソフトウェアのように無形固定資産も評価対象資産となる。

また，不動産と比較した場合，評価資産数が圧倒的に多いことも大きな特徴である。1案件につき数万点以上の資産を評価するケースも珍しくなく，多種・多数のアイテムの時価を正確かつ効率的に評価するためにも，評価開始前に評価プロセスについて，ある程度理解しておくことが望ましい。

1　動産の評価では，米国鑑定士協会（American Society of Appraisers）が評価人の認証機関として国際的にも広く認知されている。同協会は1936年に創設された米国の鑑定教育・資格の業界団体で，動産以外にも，不動産，事業（知財を含む）といった各分野における評価に関する教育と資格認定を提供しており，同協会の定める評価基準が実質的にグローバルスタンダードとなっている。

第3章　固定資産評価の実務　149

図表3-1	業種別の主な評価対象資産

業　種	主な評価対象資産の例
建設	トラック，クレーン等
機械・電気	熱処理設備，工作加工機，プレス機，金型等
電子・半導体	クリーンルーム，半導体製造装置，検査機器等
石油化学・化学	石油精製プラント，タンク，パイプライン等
医薬品	クリーンルーム，研究開発設備等
食品	プラント，サイロ等
金融・保険	自社開発ソフトウェア等
IT	サーバー，コンピューター等
物流	トラック等の運搬機械
商社	航空機，タンカー等

(2)　動産評価の作業プロセス

　動産評価の作業は，一般的には図表3-2に示される手順により実施される。

図表3-2	動産評価の作業プロセス

❶対象資産・評価スコープの決定

❷動産評価に必要な資料

❸現地調査・ヒアリング

❹価値算定作業、ドラフト算定結果の提示

❺監査人レビュー対応

①　対象資産・評価スコープの決定

　動産評価では，評価対象資産を資産タイプで分類し，資産タイプごとに評価に必要な数値を設定の上，対象資産1点ごとの価格を算定するという手続が取られる。評価対象資産の種類およびアイテム数が多いため，その全容を把握し，

正確な評価を行うための準備作業として固定資産台帳データの入手とその分析は必須である。固定資産台帳データは動産評価にあたって最も重要な情報で，このデータ分析の巧拙いかんでその後の評価の精度・作業量が大きく左右される。

　固定資産台帳データを分析し，資産の全容を把握した後，重要性が高い事業所については実際に現地調査を行うことを検討する。また，図表３－３に示すような資産が含まれている場合には評価額に大きな影響を与える可能性があるので，ヒアリングや内容詳細の確認手続をとる。

図表３－３	留意を要する資産の例

留意を要する資産	留　意　点
除却済（予定）資産	除却理由，除却時期等について確認し，評価対象から除外すべきかどうか検討する必要がある。
遊休資産	遊休状態となった理由，今後の利用見込み等について確認を要する。
売却（予定）資産	売却の理由，売却先，売却価格等について確認し，評価対象から除外すべきかどうか確認を要する。
移設（予定）資産	移設の理由，移設の時期，移設先での利用用途等について確認を要する。
減損対象資産	経済的劣化の判定に重要な情報となることから，減損額，減損時期，減損時の判定根拠等を確認する必要がある。
中古取得資産	中古で取得された資産やM&A等で他社から引き継がれた資産の場合，固定資産台帳上の取得価格および取得時点は，新品時の購入価格および購入時点を表していない可能性が高いことから，これらに該当する資産を正確に把握するとともに，可能な限り，新品時の価格・時点の情報を収集する。
圧縮記帳対象資産	政府からの補助金等の授受のため，圧縮記帳されている資産については，本来の取得価格，補助金授受の理由・内容等についての確認を要する。

②　動産評価に必要な資料

　対象資産の量や内容を把握した後，評価に必要な資料を依頼する。図表３－４が評価に必要な資料の一例であるが，資産の種類により必要資料は大きく異

なる。

| 図表３－４ | 動産評価にあたって必要な資料リスト |

会計関連資料	事業運営関連資料	生産ライン関連資料
• 貸借対照表 • 固定資産台帳 • 固定資産台帳に付随するコード表 • 減損関連資料 • 既往動産評価資料	• 工場概要・パンフレット • 過去の生産量の実績 • 今後の事業計画	• 工場内建物配置図 • 機械設備の配置図 • 生産工程フロー図 • 機械設備リスト • メンテナンスポリシー • 稼働実績表

③ 現地調査・ヒアリング

　現地調査は(ⅰ)対象資産全般にかかる状況の確認，(ⅱ)重要な資産について実在性，配置等，使用状況，状態の確認，(ⅲ)対象資産に関連する業界動向や性能等の技術面のヒアリング，(ⅳ)対象資産のメンテナンスポリシーや保守・修理状況に関するヒアリング等を行う目的で実施される。現地調査では図表３－５に記載したような事項を中心に確認作業を行うが，生産ラインの技術責任者や資産管理担当者等から説明を受けながら実施されることが多く，当日現地で混乱をきたさないよう，スケジュールやヒアリング予定内容等について，あらかじめ対象事業所等の担当者へ連絡しておくことが望ましい。

| 図表３－５ | 現地調査において確認すべきポイント |

- 工場内における各施設の役割と生産プロセスの把握
- 工場内で生産される製品の把握
- 各生産ラインにおける個別機械設備の役割・稼働状態の把握
- 固定資産台帳上の資産の実在性の確認（主要資産のみ）
- 中古資産に関する製造年月日，製造メーカー等の確認
- 遊休資産・未稼働生産ライン等の有無の確認

④ 価値算定作業，ドラフト算定結果の提示

　受領資料や現地調査で得られた情報を踏まえ，適用可能な手法を検討・決定

し，評価モデルを作成して価格を試算する。

　評価モデルにより試算された結果は，必ずしもすべての要因を反映できていない場合もあるため，その試算過程を改めて検証するとともに，取得価格あるいは簿価といった会計上の数値と比較し，乖離が大きい資産についてはその要因を分析することも重要である。すなわち，乖離が各種の減価等を反映させた結果として十分合理的なものなのか，評価モデルに必要な情報が十分に反映されているか等を検証し，再度試算を行ってまた結果を検証する。必要に応じてこのプロセスを何度も繰り返しながら，評価の精度を高めていく。

　その後，実施事項および評価額をまとめた評価報告書のドラフトを作成する。

⑤　**監査人レビュー**

　不動産評価に比して，動産評価は評価結果が取得企業の予想と大きく異なる場合が少なくない。これは，必ずしも経済的な価値を反映しているとは限らない減価償却後簿価を取得企業側が時価相当額として認識している場合が多いためであるが，その差異の要因や合理性については十分に理解する必要がある。その後，当該ドラフトを監査人に提示し，監査人側で財務諸表作成の基礎資料として妥当かどうかの検証が行われる。

(3)　**動産の評価手法**

① **価格の三面性**

　具体的な評価手法の議論に入る前に，まず，動産の価格がどのような点に着目して決定されるのかを考えてみたい。合理的な市場において，動産や不動産を含む財の価格は，市場性，費用性，収益性の三側面から決定されるといわれている。

第3章　固定資産評価の実務　153

市場性
対象とする財が市場においてどれくらいの価格で取引されているか，同等の財を市場にて購入するためにはいくら支払わなければならないかというアプローチである。動産でいえば，たとえば自動車を評価する場合，対象と同車種，同年式の自動車が中古市場で一定の価格で取引されており，評価にあたってこれを参照するといったようなケースがこれに該当する。
費用性
対象とする財を製作・生産するためにどれほどの費用が投じられ，同等の財を製作・生産するためにはいくら支払わなければならないかというアプローチである。たとえば，評価対象の研究設備の製作費用が２千万円であった場合，対象機械の現在の価値は２千万円から経年減価分を減じた程度と判断するというケースが該当する。
収益性
対象とする財を利用することで，どれほどの収益が得られるかというアプローチである。たとえば，ある生産設備を稼働することで今後も年間50百万円の純収益を継続的に見込めるような場合，当該設備の経済的な価値の算定にあたって保有者にもたらされる便益を考慮して価格を決定するようなケースが該当する。

　実際に価格を決定する際には，上記の３つの側面のうちのいずれか１つのみで価値判断を行うのではなく，少なくとも３つの側面があることを常に考慮の上，総合的に適正価格を判断する必要がある。

② **動産の評価手法**

　他の財と同様に動産も価格の三面性を反映して価格が決まるため，その価値評価を実施する場合にも，市場性に着目したマーケット・アプローチ（取引事例比較法），費用性に着目したコスト・アプローチ（原価法），そして収益性に着目したインカム・アプローチ（収益還元法）の３手法が利用される。

　理論的に３手法間に優劣はないが，実際には，評価対象資産の特徴を踏まえ，１～２手法を適用するケースが大半で，特にコスト・アプローチが多く用いられる。単一の手法を適用する場合には，資産の特徴や収集可能な情報等を踏まえ，他の手法が適用に至らなかった理由を明記する必要があろう。

(i) コスト・アプローチ

　動産は不動産に比して流通市場が限定的であり，また，どのアイテムがどの程度収益獲得に貢献したのか個別に把握することが容易ではないため，マーケット・アプローチやインカム・アプローチの適用には限界があり，コスト・アプローチが主要な評価手法となっている。なお，不動産評価においてはコスト・アプローチに基づく評価手法は原価法と呼ばれるが，動産評価では一般的ではないため，以下の説明においてはコスト・アプローチという名称を用いる。

　コスト・アプローチは，まず評価時点で対象資産あるいは対象資産と同等の資産を新規に取得する場合に要するであろう費用，すなわち再調達原価を算定し，ここから減価分を控除する減価修正を行うことにより価値を算定する手法で，再調達原価と減価修正という2つの要因について検討が行われる。

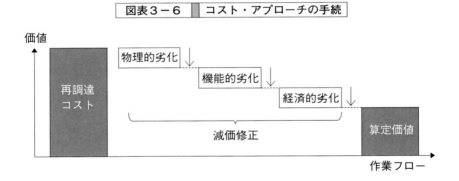

図表3-6　コスト・アプローチの手続

(a) **再調達原価**

　再調達原価は再取得価格（Replacement Cost New）と再製作価格（Reproduction Cost New）の2つの価格から求められる。

[再取得価格（Replacement Cost New）]

　再取得価格は，評価時点において対象資産と同等の性能を有する資産を再取得する場合に必要な費用をいい，製造しているメーカーや販売代理店から同一

機種や同等性能を有する類似機種に関する現在の販売価格の見積書を取得すること等により把握する（このように市場から直接的に対象資産のコスト情報を求める方法を直接法という）。

なお，対象資産と異なる性能を有する資産でも，エンジニアリング理論等に基づき，対象資産と比較対象資産の性能数値の差異から対象資産の再取得価格を求めることができる場合もあり，特に価格情報の収集が難しいプラント関連資産等の評価においては，類似資産を含め，広く情報収集に努めることが重要である。

再製作価格（Reproduction Cost New）

再製作価格は，評価時点において，対象資産と完全に同一な資産を再製作する場合に必要なコストをいい，一般的には実際に取得した価格を時点修正することで評価時点の再製作価格を把握する（このように取得価格から間接的に対象資産のコスト情報を求める方法を間接法という）。具体的には，固定資産台帳上の取得価格に，取得時点から評価基準日までの期間差に対応する物価変動指数を乗じることにより，再調達原価を算定する。物価変動指数は，日本国内で製造された資産では，日本銀行が公表する「企業物価指数」や国土交通省が公表する「建設工事費デフレーター」等の公開情報が使用されることが多い。間接法は，資産の種類にかかわらず対応できる場合が多いことから，実務上広く用いられている。

間接法を適用する場合，中古で取得した資産や企業再編等で引き継いだ資産は固定資産台帳上の取得価格が新品購入時点の価格を表していないケースもあるので，評価対象資産にこういった資産が含まれていないか留意する必要がある。また，海外で製造された資産については生産国における物価変動や為替変動の影響を考慮する必要がある。

以上の方法で算定された再取得価格あるいは再製作価格をもって再調達原価とするが，再取得価格と再製作価格の双方が算定された場合には，評価時点の

市場実勢をより反映していると考えられる再取得価格を重視すべきである。ただし，再取得価格を把握できるケースは限定的であり，評価実務上は，評価対象資産すべてについて再製作価格を算定しつつ，調査過程で再取得価格算定に必要な情報を収集できた資産に限って再取得価格に置き換える等の対応を行う場合が多い。

(b) 減価修正

減価修正を行う場合には物理的劣化，機能的劣化および経済的劣化をそれぞれ検討し，減価額を算定する。

[物理的劣化]

物理的劣化とは，経年によって生じる減耗，破損その他物理的な要因による価値の減少をいい，減価額は経過年数と耐用年数とを変数とする耐用年数法（Age/Life 法）により算定される。耐用年数法においては，定額法，定率法，アイオワ定率法等の償却カーブに沿って，減価額が算定される（図表3－7参照）。定額法は耐用年数の全期間にわたって発生する減価額が毎年一定であるという前提に基づき減価額を算定する方法であり，定率法は年初の積算価格に対して毎年一定の割合で減価するという前提に基づき減価額を算定する方法である。アイオワ定率法とは，米国アイオワ州立大学における資産の実際の利用

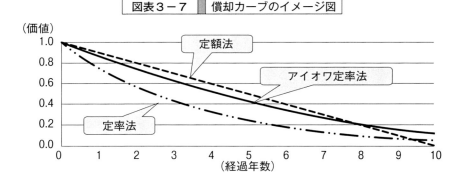

図表3－7 償却カーブのイメージ図

実態に関する研究結果を応用して考案された償却カーブであり，定額法・定率法に比して資産の物理的特性をより精緻に反映させた価値を算定できるため，動産評価実務において広く利用されている。

資産の経年劣化パターンは対象資産の種類によって異なるため，評価対象すべてに同一の償却カーブを適用するのではなく，資産タイプの特性に応じて使い分ける必要がある。

資産によっては価格の下限値として残存価値率を設定する場合もある。耐用年数が満了しても当該資産が使用可能で，その後も一定の経済的価値を生み出すと考えられる場合，あるいは相応のスクラップバリューが見込める場合には残存価値率を設定する。

[機能的劣化]

機能的劣化とは，新技術の開発や高い性能の機器の出現等により，最新機能を有する資産と比較して，評価対象資産が相対的に非効率，不効率となることで発生する価値の減少をいう。

たとえば，評価対象資産が旧型モデルの空調機で，市場に省エネ性能に優れた新型モデルが出回っているような状況では，仮に対象資産に物理的劣化が生じていないとしても新型モデルと比較して明らかに価値が劣るということは直観的にわかるだろう。金額としてどの程度減価が生じているかを測るため，たとえば図表3－8は，新型モデルとの電気消費量の差異に着目し，超過ランニングコストを機能的劣化として減価額を算定した例である。その他，ガス／水道の使用量，生産に必要な原料／労働コスト，生産効率など，対象資産の用途やオペレーションの過程におけるさまざまな要因に着目することにより，機能的劣化を算定することができる。

なお，再調達原価の算定にあたり直接法を適用し，対象資産と同等の機能を有する資産の再取得価格を再調達原価とした場合，機能面の差異は再調達原価の算定過程ですでに織り込まれている可能性があり，その上で機能的劣化を考慮する必要があるかどうか検討する必要がある。

| 図表3-8 | 機能的劣化の算定例 |

（単位：円）

	1年目	2年目	3年目	4年目	5年目
1　旧式モデル年間消費電力量（kWh）	200,000	200,000	200,000	200,000	200,000
2　最新モデル年間消費電力量（kWh）	150,000	150,000	150,000	150,000	150,000
3　差額（1-2）	50,000	50,000	50,000	50,000	50,000
4　1kWh当たり電力料金	15	15	15	15	15
5　年間電力料金（3×4）	750,000	750,000	750,000	750,000	750,000
6　税金	225,000	225,000	225,000	225,000	225,000
7　税控除年間超過コスト（5-6）	525,000	525,000	525,000	525,000	525,000
8　現在価値	486,111	450,103	416,762	385,891	357,306
9　機能的劣化（現在価値合計）	2,096,000				

【前提条件】

取得コストおよび省エネ性能以外の能力は同じと仮定	
残存耐用年数	5年
1kwh当たり電力料金	15円
実効税率	30%
割引率	8％

　また，機能的劣化が発生していると考えられる場合，影響が及ぶアイテムを固定資産台帳上で正確に特定あるいは推定することが重要であり，各アイテムの帰属する部門や生産ライン等の情報を正確に把握する必要がある。

経済的劣化

　経済的劣化とは，評価対象資産あるいは評価対象資産から生産される財に関連する外部環境の変化に起因して発生する評価対象資産の価値の減少をいう。前項で取り上げた機能的劣化は機能や性能といった対象資産の内的要因から発生する減価であるのに対し，経済的劣化は経済環境や消費者の嗜好の変化といった外的要因から生じる減価である。

たとえば，評価対象資産がある商品の生産設備で，景気の低迷と関連規制の強化により当該設備導入時と比較して生産する商品の需要が大きく減退し，今後の回復が見込めないという状況であったとしよう。この場合，外部環境の変化のため当該商品を生産する評価対象資産の経済的価値が減じていることは直観的にわかる。この減価額を数量的に把握するためには，たとえば当該設備の稼働率に着目するという手法が考えられる。当該設備の稼働率が図表3－9のような推移を辿っている場合，経済的劣化が発生しているものと判断せざるを得ず，減価額の算定が必要になる。

図表3－9　稼働率の推移例

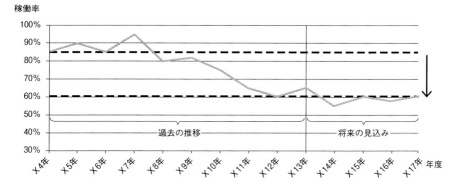

経済的劣化の原因や必要となる数値，さらには対象となる特定資産が明確化されると，エンジニアリング理論に基づいた算定式に基づき，経済的劣化を査定することができる（図表3－10参照）。

| 図表3－10 | 経済的劣化の計算例 |

【前提条件】

正常稼働率（A）	85.0%
現行稼働率（B）	60.0%
Exponent Factor（n）	0.6

※ Exponent Factorとは，価格と容量との関係性を表したもので，1.0以下であれば両者
　は必ずしも直接的な関係性ではないことを示す。実務的には0.6～0.7の数値が多く利
　用されるが，一律的に決められるものではなく，類似資産の事例から裏付けされた数
　値の適用が望まれる。

$$減価率（\%）=\left(1-\left(\frac{キャパシティB}{キャパシティA}\right)^n\right)\times100$$

$$=\left(1-\left(\frac{60}{85}\right)^{0.6}\right)\times100$$

$$=18.86\%$$

　経済的劣化の発生有無を把握するためには，評価対象資産のみならず，これ
らを含む対象事業のビジネスフローや事業環境を正しく理解する必要があり，
場合によっては対象資産の直接的な関係者に加えて事業責任者や経営幹部，市
場精通者に対してもヒアリング等を実施する必要がある。

(c) 評価結果の検証

　コスト・アプローチは，再調達原価から物理的劣化，機能的劣化，経済的劣
化により生じた減価相当額を控除して価値を査定する手法であるが，たとえば
特定の事業における生産設備の場合，これらを構成する個々の機械や設備，構
築物単体の価値は，キャッシュ・フローを生み出すための経済機能の一部を担
う財としての価値と一定の整合性を有していなければならない。そのため，コ
スト・アプローチを適用して評価を実施した後，評価対象資産を含めた事業全
体の事業価値と比較検討して，評価結果が経済合理性を有するかどうか検証を
行う場合がある。

　図表3－11は，事業価値から動産以外の資産の時価を控除し，残余として見
込まれる動産価値相当額と，コスト・アプローチにより算出された動産の評価

額を比較したものである。ケース2では算定された動産の時価（D）と無形資産を含む動産以外の資産の時価（B）の合計額が事業価値（A）を上回っており，動産の評価額が過大である可能性がある。このような場合には，無形資産の評価の妥当性と併せ，動産についても評価内容が妥当であるか再度検証を行う必要がある。特に対象資産の観察からは把握しづらい経済的劣化の発生有無や評価へ適切に反映されているかという点については十分な留意が必要である。

図表3－11　事業価値による検証例

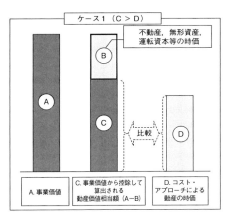
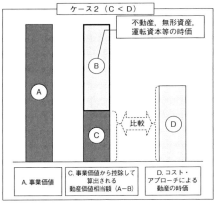

(ii) マーケット・アプローチ

マーケット・アプローチとは，中古市場等における取引価格を基礎情報とし，これらの取引事例と評価対象資産とを比較することで，評価対象資産の価格を算定する手法である。

実際に行われている売買事例を直接参照するため信頼性の高い手法であるが，我が国では産業用機械装置に関する中古市場が欧米に比して未成熟であるため，外部の第三者が実際の売買事例を入手することが容易ではなく，実務上，当該手法を適用できるケースは決して多くない。しかし，自動車，OA機器，一部の工作機械等については中古市場が存在し，また船舶や航空機はグローバルで

中古市場が形成されているため，こういった資産についてはマーケット・アプローチの適用が可能である。

　また，中古機械ディーラーへのヒアリングにより得られた相場情報やインターネットで公表されている売却希望価格等は，成約取引に基づく価格情報ではないので信頼度はやや落ちるものの，中古市場における相場水準の目安になり，他の手法により算定した評価結果を補完，検証する情報として有用である。

　⑩　インカム・アプローチ

　インカム・アプローチは，対象資産より生み出される収益性に着目した評価手法であり，対象資産の使用により得られる経済的便益を当該資産の価値として把握する。具体的には，残存耐用年数にわたって対象資産が生み出す収益から支出を控除して各年度の純収益（ネット・キャッシュ・フロー）を査定し，これを適切な割引率で割り引いて現在価値を算定する。

　ただし，不動産と異なり特定の動産アイテムが単独で収益を生んでいるケースは少なく，他の動産や不動産，無形資産と有機的に結合された状態でキャッシュ・フローの獲得に貢献しているというケースが大半である。そのため，特定の資産に直接紐付いているキャッシュ・フローを把握してインカム・アプローチを適用するケースは限られている。船舶，航空機，各種プラントなどで資産ごとに対応する収益が把握可能な場合には当該手法の適用を検討するべきであろう。

(4)　評価事例

①　案件概要

　X13年，国内大手家電メーカーA社は国内の医療用精密機器メーカーB社の全株式を取得した。A社の取得原価配分（PPA）手続上，B社が保有する動産の公正価値を算定する必要が生じた。B社は，○○県○○市にある事業所において，主力製品である医療用精密機器を製造している。受領した固定資産台帳によると，主な資産は図表3−12のとおりであった。

第3章　固定資産評価の実務　163

図表3-12　固定資産台帳抜粋

（単位：円）

資産番号	勘定科目	資産内容	取得年	取得価格	耐用年数	簿価
0001	機械及び設備	成膜装置	X11年	170,000,000	8年	128,000,000
0002	機械及び設備	乾燥機	X7年	90,000,000	8年	23,000,000
0003	機械及び設備	梱包機	X8年	60,000,000	8年	23,000,000
0004	機械及び設備	実装機	X13年	50,000,000	8年	50,000,000
0005	機械及び設備	レーザー加工機	X8年	40,000,000	8年	15,000,000
0006	機械及び設備	ボトル供給機	X1年	40,000,000	8年	1
0007	機械及び設備	外観検査機	X13年	20,000,000	8年	20,000,000

②　評価手法の検討

　コスト・アプローチ，マーケット・アプローチおよびインカム・アプローチの3手法の適用可能性を検討したものの，特殊用途に供されている機械が多く，中古市場における取引価格の収集が困難であること，また，各個別資産ごとに事業キャッシュ・フローを分割することができないことから，マーケット・アプローチ，インカム・アプローチの適用を断念し，コスト・アプローチにて公正価値を評価することとした。

③　再調達原価の算定

　間接法により再製作価格を算定するため，日本銀行が公表する「企業物価指数」から各資産種別に対応する物価変動指数を把握し，取得価格に物価変動指数を乗じることにより，図表3-13のとおり，再製作価格を算定し，これをもって再調達原価とした。なお，資産番号0001の成膜装置のみ，製造メーカーから見積価格を受領できたことから，直接法を採用し，当該再取得価格をもって再調達原価とした。

| 図表３－13 | | 再調達原価の算定 | | | | |

（単位：円）

資産番号	評価分類	適用手法	物価変動指数	メーカー見積価格	再調達コスト
0001	精密加工機器	直接法	—	165,000,000	165,000,000
0002	一般機械	間接法	1.014	—	91,000,000
0003	一般機械	間接法	1.022	—	61,000,000
0004	一般機械	間接法	1.000	—	50,000,000
0005	一般機械	間接法	1.022	—	41,000,000
0006	一般機械	間接法	1.009	—	40,000,000
0007	精密測定機器	間接法	1.000	—	20,000,000

　次に，物理的劣化に起因する減価額を算定するため，各資産の特性に応じて経済耐用年数，償却カーブ（本事例ではアイオワ定率法）を決定し，図表３－14のとおり，物理的劣化考慮後の価値を算定した。

| 図表３－14 | | 物理的劣化額の算定 | | | | |

（単位：円）

資産番号	再調達コスト	経済耐用年数	経過年数	採用償却曲線	現在価値率	物理的劣化考慮後価値
0001	165,000,000	7年	2年	アイオワ定率法	63.7%	105,105,000
0002	91,000,000	10年	6年	アイオワ定率法	37.2%	33,852,000
0003	61,000,000	10年	5年	アイオワ定率法	45.0%	27,450,000
0004	50,000,000	10年	0年	アイオワ定率法	93.5%	46,750,000
0005	41,000,000	10年	5年	アイオワ定率法	45.0%	18,450,000
0006	40,000,000	10年	12年	アイオワ定率法	9.8%	3,920,000
0007	20,000,000	7年	0年	アイオワ定率法	90.6%	18,120,000

　続いて機能的劣化の発生有無の検討を実施した。受領資料，現地調査ならびに工場責任者等へのヒアリングから，いずれの評価対象資産も技術革新等の内部要因に起因して発生する非効率や生産性の低下は認められず，機能的劣化は生じていないものと査定された。

　さらに経済的劣化の発生有無の検討を実施したところ，工場責任者および事

業部長へのヒアリングから，生産ラインBで製造されている製品については対象ユーザーの同機器に対する需要が低下したことにより販売実績が低迷し，今後もその回復は見込めないことが判明した。そこで，生産ラインBのフル生産時の稼働率と直近における平均稼働率とを比較し，20%の経済的劣化が生じているものと査定した。なお，事業価値からの検証を行ったところ，暫定的な評価結果は十分に経済合理性を有するものと確認された。

以上に基づき，図表3-15のとおり，各資産の時価が査定された。

図表3-15　機能的劣化，経済的劣化の算定例

（単位：円）

資産番号	生産ライン	物理的劣化考慮後価値	1-機能的劣化指数	1-経済的劣化指数	公正価値
0001	A	105,105,000	100.0%	100.0%	105,000,000
0002	A	33,852,000	100.0%	100.0%	34,000,000
0003	A	27,450,000	100.0%	100.0%	27,000,000
0004	A	46,750,000	100.0%	100.0%	47,000,000
0005	B	18,450,000	100.0%	80.0%	15,000,000
0006	B	3,920,000	100.0%	80.0%	3,000,000
0007	B	18,120,000	100.0%	80.0%	14,000,000

④　算定した時価と簿価との乖離

本章冒頭で述べたとおり，評価を実施して算定された価格と会計上のルールに基づいて計上されている簿価ではその目的や計算過程が異なるため，両者の間に大きな乖離が生じることは十分考えられる。ただし，買収価格配分目的で算定された時価は対象資産や同時に計上される営業権計上額の基礎になり，その後の償却や減損手続を通じて企業収益に影響を与えるため，時価と簿価の乖離が実務上，大きな焦点となる場合がある。

たとえば，会計上の耐用年数が満了し，簿価が低廉に据え置かれている資産について，評価額が簿価を大きく上回るケースがしばしばみられるが，これに関してはいくつかの要因が背景にある。まず，我が国においては概して生産設

備のメンテナンス状況が良く，そのため耐用年数を超過しても生産活動を通じてキャッシュ・フロー獲得に貢献しているケースが少なくない。このような資産を評価する場合，今後もキャッシュ・フロー獲得への貢献が見込めるのであれば，対象資産が相応の経済的残存耐用年数を有すると判断し，低廉な簿価を大きく上回る時価が付されることになる。

また，海外，特に新興国においては，物価変動が激しく，インフレーションのため再調達原価が実際の取得価格の数倍に達し，結果的に評価額が簿価を大きく上回るようなケースもしばしばみられる。

いずれにしても，評価と会計上の減価償却とはその目的が異なるため，動産評価のアプローチとそれらの背景について正しく理解することが重要である。

図表3－16は，時価と簿価とが大きく乖離するケースを示したものであり，参考にされたい。

図表3－16	時価が簿価と乖離する例

【時価が簿価を上回るケース】
・原材料や人件費高に伴う価格高騰
　➡（評価上）再調達原価が上昇
・経済的耐用年数が会計上の耐用年数より長い場合
　➡（評価上）物理的劣化の程度が低く，高い現在価値率として算定される
・会計上の耐用年数満了に伴い簿価が低廉に据置
　➡（評価上）事業収益への貢献が認められれば相応の価値が査定される

【時価が簿価を下回るケース】
・デフレによる物価下落
　➡（評価上）再調達原価が下落
・技術革新等により同等性能をもつ機械が低コストで市場に流入
　➡（評価上）再調達原価の低下，機能的劣化の査定
・経済環境の変化等に伴い本来の生産能力を発揮できていない場合
　➡（評価上）経済的劣化の査定

2 不動産の評価技法・評価実務

(1) PPAにおける不動産の評価手続

　PPAにおける不動産の評価は，一般的に図表3-17に示すような手順・スケジュールにより実施される。実際に評価に要する期間は評価対象物件数や監査スケジュールに大きく左右される。

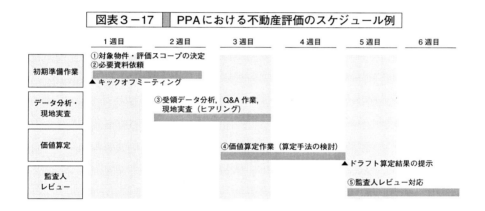

図表3-17　PPAにおける不動産評価のスケジュール例

　以下，各フェーズの作業内容や留意点について解説する。

① 対象物件・評価スコープの決定

　PPAを目的とした不動産評価では，被取得企業が保有する全不動産を時価評価することが理想的であるが，評価費用や時間の制約のため，取得企業は会計監査上許容できる範囲で評価物件や評価方法を限定することが多い。

　企業結合適用指針では，不動産の時価は「減損適用指針」にならって国土交通省が定める「不動産鑑定評価基準」に基づいて算定するとしているが，減損適用指針には，重要性が乏しい不動産については，一定の評価額や適切に市場価格を反映していると考えられる指標を，合理的に算定された価額とみなすこ

とができると規定されており，重要性の有無により評価方法を変更することが認められている。

重要性の判断については，必ずしも明確な基準はないが，実務上は簿価ベースでおおむね上位5割〜8割程度を占める不動産については重要性を有する物件として不動産鑑定評価基準に基づいた鑑定評価を実施し，他の物件については簡便な評価方法を適用することが多い。

減損適用指針によれば，重要性が乏しい不動産については，実勢価格や査定価格などの評価額，公示価格や路線価など適切に市場価格を反映していると考えられる指標，そしてこれらを合理的に調整した価格を採用することが許容されている。また，不動産鑑定評価基準に基づいた鑑定評価では現地実査は必須であるが，重要性が乏しい不動産については必ずしも現地実査を実施する必要はなく，いわゆる机上評価で足ると考えられる。また，土壌汚染調査についても重要性が乏しい不動産の場合にはその影響を考慮外とする想定上の条件を付加することができる。

不動産鑑定評価基準に基づいた鑑定評価は不動産鑑定士に依頼するのが一般的であり，重要性が乏しい不動産の評価も含めてPPA業務に精通した専門家に早めに相談することが望ましい。また，被取得企業が海外に不動産を保有している場合，不動産にかかる市況や関連法制が国ごとに異なるため日本の不動産鑑定士が当該海外不動産を評価することは実務上難しく，国土交通省が定める「海外投資不動産鑑定評価ガイドライン」でも，海外現地の市場動向，社会経済情勢等に精通している有資格の不動産鑑定人を補助員・共同作業員として鑑定評価を行うことが合理的かつ現実的である，とされている。こういった案件では，専門家の起用にあたっては海外ネットワークの有無や海外不動産評価の受託実績なども考慮する必要があろう。

不動産鑑定士が評価を行う場合，国土交通省が定める「不動産鑑定士が不動産に関する価格等調査を行う場合の業務の目的と範囲等の確定および成果報告

第3章　固定資産評価の実務　169

書の記載事項に関するガイドライン」に則って，業務の目的と範囲等の確定に
係る確認書（以下，「確認書」という）を契約締結前に依頼者に交付すること
とされている。依頼者はこの確認書の内容を精査し，実施される手続が不動産
鑑定評価基準に則った鑑定評価か否か，現地実査を実施するか否かなど，評価
スコープに不明な点があれば事前に評価人に確認することができる[2]。

② **不動産評価に必要な資料**

　評価対象不動産と評価スコープの決定後，評価人は取得企業（あるいは被取
得企業）に評価に必要な資料の提供を依頼する。図表3-18に掲げたものが通
常必要とされる資料であるが，対象物件の種類や用途，あるいは評価スコープ
によって異なるので，準備前に評価人に確認することが必要である。また，必
ずしもすべての資料を評価人に同時に提出する必要はなく，評価作業を効率的
に進めるため，現地実査前に必要な資料と実査後でも構わない資料など，優先
順位を評価人と確認しながら資料の準備を進めることが望ましい。

　PPAの一環として評価を行う場合，取得企業側が事前に被取得企業に対し
て財務，税務，法務といった各種デューデリジェンスを実施しているケースが
多い。効率的に評価手続を進めるためには，当該デューデリジェンス関連資料

2　不動産鑑定評価基準改正（平成26年11月1日施行）が行われ，依頼者と評価人が
　合意し，かつ鑑定評価書の利用者の利益を害する恐れがないと判断される場合には
　評価人の調査の範囲等に条件を設定することが可能となった。これは，不動産鑑定
　士の通常の調査の範囲では，対象不動産の価格への影響の程度を判断するための事
　実の確認が困難な特定の価格形成要因が存する場合，当該価格形成要因について調
　査の範囲に係る条件（以下，「調査範囲等条件」という）を設定することができる，
　というもので，具体的には以下の要因が例示されている。
　　　・土壌汚染の有無およびその状態
　　　・建物に関する有害な物質の使用の有無およびその状態
　　　・埋蔵文化財および地下埋設物の有無ならびにその状態
　　　・隣接不動産との境界が不分明な部分が存する場合における対象不動産の範囲

　　調査範囲等条件を設定する場合，PPAで求められている価格の精度が保たれる
　か，会計上の要請を満たすものであるか，評価人を含む関係者間で検討することが
　望ましい。

を評価に活用することも重要である。たとえば，減価償却資産台帳は財務デューデリジェンス実施時に提供しているであろうし，土地・建物賃貸借契約書，不動産登記簿謄本などは法務デューデリジェンス実施時にまとめて提供していることが多い。ただし，デューデリジェンスと PPA の実施時点の相違から，再度同様の資料を提供する必要がある場合もあるので，評価人から資料提供依頼を受けた際には，どの時点の資料が必要なのか確認しておくほうがよい。

図表３−18 ┃ 不動産評価依頼資料リスト（例）

資料名		詳細説明
○コア資料（主に法務局関連）		
1	住宅地図	住宅地図上に，対象不動産の位置・範囲を記入（特定）して頂いたものが必要となります。
2	土地登記簿 （場合により閉鎖謄本必要）	できるだけ価格時点に近いものが必要です。但し，土地地番・家屋番号をご教示頂ければ評価人側で最新のものを入手致します（要：実費）。
3	建物登記簿 （場合により閉鎖謄本必要）	
4	公図	
5	地積測量図	
6	建物図面（各階平面図）	
7	地役権図面 （地役権が設定されている場合）	
○関連資料		
8	建築工事請負契約設計図	当該図面のうち，特に「各階の平面図」及び「建築概要表（壁・床・柱等の材質を記載した一覧表）」が必要です。
9	建築確認通知書，及び，検査済証	建築時に役所から発行された証明書です。
10	工事請負契約内訳書，又は，見積書	建築会社から発行された資料。建物工事金額の詳細の確認に使用します。
11	土壌汚染調査資料	過去に土壌汚染の調査をされている場合，その調査報告書（もしくは地下水モニタリング結果，条例による立入検査記録等）。

第3章　固定資産評価の実務　171

12	エンジニアリングレポート	過去に建物の耐震性等について調査された場合，その調査レポート。
13	不動産鑑定評価書 （調査報告書でも可）	過去に鑑定評価をされている場合，その評価書一式。
14	敷地内の各施設の配置がわかる資料，又はパンフレット	敷地内の各施設の役割や作業工程等の概要がわかる資料（構内配置図でも結構です）。
15	固定資産評価証明書 （直近年度のみ）	評価額及び税額の両方が記載されている資料が必要です。
16	減価償却資産台帳 （直近年度のみ）	建物・建物附属設備を含みます。
17	建物火災保険料明細 （直近年度のみ）	火災保険料の明細が記載されている資料。
○当該施設を賃貸されている場合　（関連会社へ賃貸されている場合でも必要です）		
18	建物貸借契約書 （その後の更新契約書を含む）	第三者もしくは関連会社へ，建物全体又は一部を賃貸されている場合に必要となります。
19	賃貸借契約内容一覧表 （レントロール）	賃料・共益費・一時金等現行の契約内容の一覧表。
20	過去3ヵ年収支実績表	・各月別の収入・経費の明細 ・極力直近月を含んだデータをご提供下さい。
21	プロパティマネジメント契約書	・当該建物の管理を専門業者に委託している場合。
22	ビル管理規約	建物の管理を外部業者に委託している場合には特に必要。
○土地を借地している場合　（関連会社から賃借している場合でも必要です）		
23	土地借地契約書 （その後の更新契約書を含む）	土地を借地している場合。
○その他		
24	当該施設単独の収支実績 （過去3期分）	貴社の管理会計上，当該施設単独の損益が区分できる収支実績資料がございましたらご提示ください。ホテル・パチンコ店・ゴルフ場等の事業用不動産の場合には必須資料です。
25	過去の主な資本的支出・大規模修繕実績	実施年度，支出・修繕内容，金額が分かる資料をご提供ください。

| 26 | 工場団地のパンフレット等 | 対象工場が工場団地内に所在する場合は,工場団地のパンフレット等をご提供ください。 |

③ 現地実査・ヒアリング

　現地実査が行われる場合，資料の授受と平行して評価人と取得企業および被取得企業との間で現地実査のスケジュール調整が必要になる。現地実査の主要な目的の1つは，各種資料の記載内容と現地で目視により確認した物理的状況が一致することの確認であり，このため，現地調査では総務や管財部門など，対象不動産の土地・建物管理に精通した現地管理責任者の立会いが必要となることが多いので，スケジュール作成の際には留意する。現地では，物的確認に加えて，土地の境界，建物の過去の大規模修繕の実施状況，空調設備・昇降機などの建物附属設備のメンテナンス頻度，未登記建物の有無・規模・用途などについてヒアリングが行われる。大規模工場などであれば，現地実査は一物件につき，おおむね半日から1日程度の時間を要する。

　また，PPA を目的とした評価では，不動産評価と併せて機械設備などの動産評価を行う場合が多い。現地実査受入れ側の負担を考慮すると不動産実査と動産実査を同日に行うことが望ましいが，動産評価のため現地で確認する項目は不動産評価における確認項目と必ずしも一致しないため，現地で評価人が確認したい内容と現地実査受入れ側の対応については事前に各々の評価人と打ち合わせておくことが望ましい。

④ 価値算定作業，ドラフト算定結果の提示

　評価人は受領した各種資料の分析，現地実査の後，次項で述べる評価手法を適用して，価格算定作業を行う。その後，実施事項および評価額をまとめた評価報告書のドラフトを作成し，取得企業に対して算定結果を提示する。

第3章 固定資産評価の実務 173

⑤ 監査人レビュー

　取得企業は，提出された評価報告書ドラフトの評価内容について，評価の適正性や財務諸表への影響等を確認し，その後，当該ドラフトを取得企業の監査人に送付する。対象不動産の評価額は取得企業の財務諸表に影響を与えるため，監査人は評価が適正に行われているかどうか内容を確認する。その際，監査人側にも不動産の評価手法や不動産市場の状況といった専門知識が要求されるため，この手続を不動産鑑定士有資格者などの社内の不動産評価専門家に依頼する場合が多い。また，評価内容にかかる監査人と取得企業間の質疑についても，監査人側の社内専門家と取得企業側の評価人との間で直接やりとりが行われることも珍しくない。

(2) 不動産の評価手法

① 不動産の評価手法

　不動産も他の財と同様に価格の三面性を考慮して価格が決定されるため，その価値を評価する場合にも同様のアプローチが用いられる。すなわち，市場性に着目したマーケット・アプローチ（取引事例比較法），費用性に着目したコスト・アプローチ（原価法），そして収益性に着目したインカム・アプローチ（収益還元法）である。

　理論的に3手法間に優劣はなく，それぞれの手法で算定した価格はおおむね同一になるはずであるが，実際には，不動産の種類や使用状況，収集できる資料の制約などによって，3手法すべて適用できる場合は多くなく，また，適用した手法により価格に差が生じる。

　そのため，実務上は，適用可能な手法で評価を実施し，算定された複数の価格を調整して最終的な価格を決定する，という手順で評価が行われる場合が多い。

| 図表3－19 | 価格の三面性と不動産の評価手法 |

マーケット・アプローチ
（取引事例比較法）

インカム・アプローチ
（収益還元法）

市場性　　　　　収益性

不動産の価格

費用性

コスト・アプローチ
（原価法）

（i）　マーケット・アプローチ（取引事例比較法）

　不動産鑑定評価基準では，「取引事例比較法は，まず多数の取引事例を収集して適切な事例の選択を行い，これらに係る取引価格に必要に応じて事情補正および時点修正を行い，かつ，地域要因の比較および個別的要因の比較を行って，求められた価格を比較考量し，これによって対象不動産の比準価格を求める手法である。」と定義されている。

　まず，対象不動産と類似性のある取引事例を多数収集し，その中から規範性が高い事例，すなわち対象不動産との類似点が多い事例を選択する。事例選択の際，用途地域，繁華性，アクセスといったように，対象不動産の種類や用途に応じて類似性の判断基準が異なってくる点に留意が必要であり，物理的距離が近いものが高い規範性を有しているとは限らない。事例は通常は3～5事例程度（図表3－20では事例B，E，Hの3事例）を選択する場合が多い。

　選択した各事例について，

・事情補正（売り急ぎや買い進みなどの事情がある場合，その程度を考慮）

・時点修正（評価時点と事例取引時点が異なる場合，価格時点差を考慮）

・地域比較（A町とB町では類似の土地でも相場が違うため，地域差を考慮）

・個別比較（不整形，接面道路の向き，角地などの個別の特徴の差異を考慮）

第3章　固定資産評価の実務　175

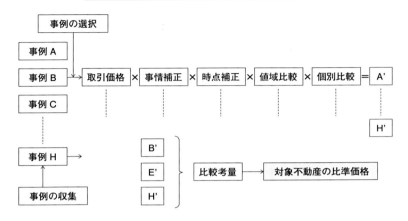

図表3-20　取引事例比較法の評価フロー

の4要因の検討を行い，これらに基づいて事例の取引価格を補正し，対象不動産の適正価格を判断する。以下，取引事例の適用例を見てみよう。

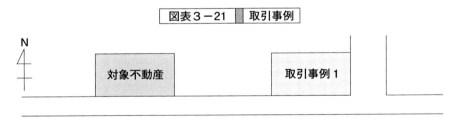

図表3-21　取引事例

- 更地 600 ㎡
- 長方形
- 接面道路：南側 8m 市道
- 評価時点：平成 26 年 1 月 1 日
- 価格：？

- 更地 600 ㎡
- 長方形
- 接面道路：南側 8m 市道、東側 10m 市道
- 取引時点：平成 26 年 1 月 1 日
- 価格：100,000 円／㎡

　図表3-21のとおり，対象不動産は面積600㎡の更地であり，南面で8メートルの市道に接している。事例を収集してみると，全く同じ条件の取引成約事例はなかったが，対象不動産に比較的近い場所で角地に所在する不動産が

100,000円/㎡で取引されていることがわかった（図表3－22の取引事例1）。たとえば，角地は利便性や視認性がよいため，対象不動産のような中間画地に比べると一般に高い金額で取引される。したがって，この場合は取引事例より3％低い97,000円/㎡を対象不動産の価格と見積っている。

その他2事例を選択し，加えて国土交通省が公表している公示価格の合わせて4事例から，下記のとおり対象不動産の価格を取引事例比較法で算定した。

なお，マーケットアプローチ（取引事例比較法）により算定された価格を比準価格という。

図表3－22　取引事例比較法による計算例

	取引価格 取引時点	事情 補正	時点 修正	地域要因 補正	個別的要 因補正	補修正後価格
取引事例1	100,000円/㎡ 平成26年1月1日	$\times \dfrac{100}{100}$	$\times \dfrac{100}{100}$	$\times \dfrac{100}{100}$	$\times \dfrac{100}{103}$ ＋3角地	$\fallingdotseq$ 97,000円/㎡
取引事例2	93,000円/㎡ 平成25年7月1日	$\times \dfrac{100}{90}$ ▲10売り急ぎ	$\times \dfrac{98}{100}$	$\times \dfrac{100}{105}$ ＋5幅員	$\times \dfrac{100}{100}$	$\fallingdotseq$ 96,000円/㎡
取引事例3	98,000円/㎡ 平成25年1月1日	$\times \dfrac{100}{100}$	$\times \dfrac{96}{100}$	$\times \dfrac{100}{97}$ ▲3周辺環境	$\times \dfrac{100}{100}$	$\fallingdotseq$ 97,000円/㎡
標準地 ○○-○○	95,000円/㎡ 平成26年1月1日	$\times \dfrac{100}{100}$	$\times \dfrac{100}{100}$	$\times \dfrac{100}{97}$ ▲3周辺環境	$\times \dfrac{100}{100}$	$\fallingdotseq$ 98,000円/㎡

更地単価	$\fallingdotseq$ 97,000円/㎡

対象不動産の比準価格	600㎡
	58,000,000円

(ii)　コスト・アプローチ（原価法）

不動産鑑定評価基準では，「原価法は，価格時点における対象不動産の再調達原価を求め，この再調達原価に減価修正を行って，対象不動産の積算価格を求める手法である。」と定義されている。

　原価法は，まず対象不動産を新たに建設・取得した場合の価格を査定し，現時点で新規価格より目減りした価値分を控除して対象不動産の価格を算定するという手法で，再調達原価と減価修正という2つの要因につき検討が行われる。実務においては主に建物の価格を算定する場合に用いられ，その他，造成工事後の土地価格を算定する場合に用いられる場合もある。

(a)　再調達原価

　不動産鑑定評価基準では，「再調達原価とは，対象不動産を価格時点において，再調達することを想定した場合において，必要とされる原価の総額をいう。」とされており，建物の場合，「建物の再調達原価は，建設請負により，発注者が請負者に対して支払う標準的な建設費に発注者が直接負担すべき通常の付帯費用を加算して求める」とされている。すなわち，対象建物を建設した時点で実際にかかった費用ではなく，評価時点で新たに同じ建物を建築すると想定した場合に要する費用であるという点が重要であり，昨今のように，資材価格の値上がりや職人不足などの影響で建設費が高騰している状況であれば，再調達原価の査定にあたっては，それらも考慮に入れる必要がある。

　再調達原価は直接法あるいは間接法により算定される。

　直接法は，対象不動産の建築時点の建設費に物価等の変動率を乗じて，評価時点の再調達原価を求める手法であり，対象不動産の建設費が建築時の見積書，契約書あるいは会計上の取得原価などから判明している場合に有効である。

　間接法は，対象不動産と構造，面積，用途，立地などの点において類似の不動産の建設事例を用いて対象不動産の再調達原価を求める手法である。対象不動産と全く同一の建物は通常世の中に存在しないため，マーケット・アプローチの場合と同様に建設事例から対象不動産の原価を求めるための補正を行う。

事例建物と対象不動産のグレードや，規模，建築面積の違いなどによって，想定建設費の増減を調整していく。建設事例は評価時点に近いものが望ましいとされている。

再調達原価の算定にあたっては原則的には直接法と間接法を併用すべきとされている。実務上は固定資産台帳等を確認のうえ実際の建築費の把握を行い，コストインデックス等を参照して類似の建物の工事費との比較を行うことが多い。

(b)　減価修正

減価修正とは，対象不動産を新規に建築する場合の想定原価である再調達原価から減価を行って評価時点における対象不動産の適正な積算価格を求めることである。減価の要因として物理的要因，機能的要因，経済的要因が検討される。

物理的要因による減価とは，新築時からの時間経過から生ずる老朽化や不動産を使用することによる摩擦および破損，その他偶発的な損傷による減価をいう。機能的要因による減価とは，対象不動産自体の用途や機能の陳腐化による価値の喪失をいう。たとえば，建物がバリアフリーになっていない，OA（オフィスオートメーション）床になっていない，エレベーターが旧式であるといったことによる減価である。経済的要因による減価とは対象不動産の経済的不適応，すなわち，近隣地域の衰退，不動産とその付近の環境との不適合，その他市場性の減退による減価である。たとえば，高度な繁華地域内に一戸だけ戸建住宅が取り残されているような場合，仮にその建物自体が新しく，また居住用住宅として機能的に問題ない場合でも，周辺との関連性において本来の不動産としての価値を発揮しているとは言い難いというケースである。

これらは，減価という現実の現象を3つの観点から分類・整理したにすぎず，相互に密接に関連し合っているという点に留意する必要がある。

減価修正の方法は，耐用年数に基づく方法と，直接的な観察による方法があり，耐用年数に基づく方法はさらに定額法と定率法に分けられる。

耐用年数に基づく方法のうち，定額法は耐用年数の全期間にわたって発生する減価額が毎年一定であるという前提に基づき減価額を算定する方法で，簡便ではあるが，建物の場合には通常，減価速度が経年によって異なるので実態的な価値と乖離する可能性もある。定率法は年初の積算価格に対して毎年一定の割合で減価するという前提に基づき減価額を算定する方法で，減価額は経年に伴い減少していく。

観察による方法は観察減価法と呼ばれ，実際に対象不動産の壁の亀裂や，維持管理の状態などを確認して，新規物件と比較してどれだけ減価しているかを判定する方法である。耐用年数に基づく減価額はあくまでも計算上の数値であり，実態と乖離する可能性もあるため，実務上は両者を併用することが望ましいとされている。

なお，コスト・アプローチ（原価法）によって算定された価格を積算価格という。

(iii) インカム・アプローチ（収益還元法）

不動産鑑定評価基準では，「収益還元法は，対象不動産が将来生み出すであろうと期待される純収益の現価の総和を求めるものであり，純収益を還元利回りで還元して対象不動産の収益価格を求める手法である。」と定義されている。

収益還元法においては，純収益を還元利回りで割ると収益性を考慮した対象不動産の価格が査定され，算定過程では純収益と還元利回りという2つの要因について検討が行われる。

⒜ 純収益

対象不動産の純収益は，総収益から総費用を控除して求められる。

総収益	−	総費用	=	純収益

- 実際支払賃料
  （＝家賃）
- 一時金の運用益
  および償却額
- その他の収入

- 維持管理費
- 修繕費
- 公租公課
- 損害保険料
- その他

賃貸事務所を例にとると，総収益に含まれるものとして家賃収入，駐車場収入，礼金・敷金の運用益等があり，総費用に含まれるものとして管理費，修繕費，固定資産税，建物損害保険料などがあり，修繕積立金などをこれに含める場合もある。総収益から総費用を控除して純収益が算出される。

⒝ 還元利回り

還元利回りは対象不動産を投資対象として資金を運用する場合の期待利回りであり，他の運用商品と比較した場合の相対的な運用リスクを反映したものになる。理論的には，リスク・フリーレート（例：国債の利回り）をベースに投資にかかるリスクに見合うリターン（リスク・プレミアム）を加えた水準になる。不動産運用特有のリスクとして，有価証券などに比して換価に時間を要するという流動性リスク，賃貸市場の動向やテナントの入退去により賃料が変化する収益変動リスクなどが考えられる。

ただし，これらのさまざまなリスクを数値化することは容易ではないため，実務上は類似の不動産の取引事例から還元利回りを算定する場合が多い。

具体的には，売買事例における純収益と取引価格から還元利回りを推定し，事例不動産と対象不動産の優劣を比較して対象不動産の還元利回りを求めるという方法である。たとえば，純収益1百万円の不動産が10百万円で実際に売買されたとすると，当該取引において想定されている還元利回りは逆算して10％であると考えられる。こういった取引事例をできるだけ多く収集し，対象不動

産と取引不動産の立地，建築年数，建築グレードといったさまざまな要因を比較検討して対象不動産の還元利回りを判断する。

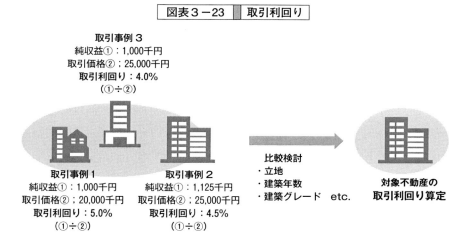

なお，インカム・アプローチ（収益還元法）によって算定された価格を収益価格という。

② 評価額の決定

複数の手法を適用した場合，各手法により算定された価格，すなわち試算価格を比較，調整して，最終的に1つの価格を決定するという手続が必要になる。不動産鑑定評価基準では「評価方式及び採用した資料の有する特徴に応じて斟酌し，実施した各手順を客観的・批判的に再吟味する」とされており，適用した各手法の中で，対象不動産の諸特性を考慮してどの手法が最も信頼に足るかを判断して試算価格を調整する。

たとえば，賃貸事務所などの収益物件で収益性を重視して売買を検討する買い手が多いと予想される場合には，収益価格がより重視される。また，工場のように事業会社が製品の生産を目的として自ら使用する不動産については，その費用性を重視して売買を検討する買手が多いと考えられることから，積算価

格が重視される。最終評価額は重視した試算価格のウェイトを高くして算定される。

第**4**章

クロスボーダー取引の実務

　第2章および第3章において，対象資産別に取得原価の配分における評価実務について解説してきたが，近年 In-Out（日本企業による外国企業の M&A）を中心としたクロスボーダー取引が増加傾向にあることから，本章においては特にクロスボーダー取引において留意が必要な論点について解説する。

　まず割引率の考え方について概説した上で，割引率と関連の強いインフレーションの調整方法について述べる。また，税務関連の留意点として，償却に係る節税効果の考慮方法，および税効果会計について取り上げる。

　クロスボーダーの評価の実務においてはさまざまな問題に直面する。自国通貨建ての事業計画であるか，あるいは外国通貨建ての事業計画であるか，為替レートの前提条件，インフレーションの反映，資本コストの推定方法等，検討課題は多い。これら考慮すべき課題は相互に関連性をもっていることから，整合性の確認が重要となる。本章では，こうした整合性を確認しつつ，資本コストの推計，インフレーションの反映について着目することとしたい。

1　割引率

(1)　資本コストの推計：加重平均資本コスト（WACC）[1]

　資本コストの推計については，為替リスク，対称性リスクおよび非対称性リスクに留意する必要がある。為替リスクは，先進国や新興国の共通の課題であ

る。また，対称性リスクや非対称性リスクは主に新興国を対象とする場合の課題といえる。

(2)　為替リスク

割引率の推計にあたり，為替リスクを反映するために，相互依存関係にある購買力平価理論と金利平価理論，為替レートの期待理論，国際フィッシャー効果が理論上同時に成立することを前提として整理することが出発点となる。

①　為替レートにかかわる諸理論

これら諸理論と為替レートについての関係を簡単にまとめてみよう。

購買力平価理論に基づくと，為替レートは，自国通貨と外国通貨の購買力の比率により決まる。すなわち，自国と外国の期待インフレ率の差は予測される直物レートの期待変化率に等しくなる。

金利平価理論に基づくと，為替レートは自国通貨と外国通貨の名目金利の比率によって決まる。すなわち，自国と外国の金利差は為替の先物レートと直物レートの差に等しくなる。

為替レートの期待理論に基づくと，先物レートと現時点の直物レートの変化率は，予測される直物レートの期待変化率に等しくなる。

国際フィッシャー効果に基づくと，資本移動に制約がない場合には，各国の実質金利がすべて同じになるので，名目金利の差は，期待インフレ率の差となる。

上記の金利平価理論と為替レートの期待理論から，予想される直物為替レートの変化率は自国，外国の両国の金利差に等しくなることを導くことができる。

キャッシュ・フローの予測期間中の予測される直物レートの期待変化率を$\varDelta S$とすると，次のような関係が成立する。

1　詳細は，谷山邦彦著『バリュエーションの理論と応用』「第Ⅳ部　クロスボーダー関連の評価」中央経済社を参照。

$$(1+\Delta S) = \frac{(1+r_{domestic})}{(1+r_{foreign})}$$

$r_{domestic}$：自国名目金利
$r_{foreign}$　：外国名目金利

　また，購買力平価理論と為替レートの期待理論から，予測される直物レート
の期待変化率は自国，外国の期待インフレ率の差と等しくなるので，次のよう
な関係も成立する。

$$(1+\Delta S) = \frac{(1+r_{domestic})}{(1+r_{foreign})} = \frac{(1+i_{domestic})}{(1+i_{foreign})}$$

$i_{domestic}$：自国期待インフレ率
$i_{foreign}$　：外国期待インフレ率

②　為替レートにかかわる諸理論とWACC

　この金利平価理論による，自国名目金利と外国名目金利の差は直物レートの
期待変化率に等しいという関係は，両国の金利を自国通貨建てWACCと外国
通貨建てWACCとの関係に置き換えることができる。また，購買力平価理論
による，両国の期待インフレ格差は，自国通貨建てWACCと外国通貨建て
WACCとの関係に置き換えることができる。なお，実務では，データの利便
性から，名目金利としてリスク・フリーレートを代用することが行われている。
これら諸理論とWACCとの関係は次のように整理することができる。

$$\frac{1+WACC_{domestic}}{1+WACC_{foreign}} = \frac{1+Rf_{domestic}}{1+Rf_{foreign}} = \frac{1+i_{domestic}}{1+i_{foreign}}$$

$Rf_{domestic}$：自国リスク・フリーレート
$Rf_{foreign}$　：外国リスク・フリーレート
$i_{domestic}$　：自国期待インフレ率
$i_{foreign}$　：外国（対象国）期待インフレ率
$WACC_{domestic}$：自国通貨建てWACC
$WACC_{foreign}$：外国（対象国）通貨建てWACC

これらのパリティ条件（平価理論）が成立するなら，自国通貨建て WACC，自国リスク・フリーレート（あるいは自国インフレ率）および外国リスク・フリーレート（あるいは外国インフレ率）がわかれば，外国通貨建て WACC を見積ることができる。

③　**計算例**

　次に，金利平価理論および購買力平価理論と WACC との簡単な数値例を見てみよう。

[金利平価理論に基づく金利差]

前提
$Rf_{domestic}$ ： 6 %
$Rf_{foreign}$ ：10.1%
$WACC_{domestic}$：10.7%

$$\frac{1.107}{X} = \frac{1.06}{1.101}$$

$X = 1.15$
$WACC_{foreign} = 1.15 - 1 = 0.15 = 15\%$

[購買力平価理論に基づく期待インフレ格差]

$i_{domestic}$ ： 3 %
$i_{foreign}$ ： 7 %

$$\frac{1.107}{X} = \frac{1.03}{1.07}$$

$X = 1.15$
$WACC_{foreign} = 1.15 - 1 = 0.15 = 15\%$

　平価理論上は同様の結果が得られることとなる。

⑶ 自国・外国通貨建てキャッシュ・フローと自国・外国通貨建て割引率

① 外国通貨建てキャッシュ・フローの割引計算

外国通貨建てキャッシュ・フローは，外国通貨建て割引率で割り引くことになる。このとき，通常，外国通貨建てキャッシュ・フローは対象国の期待インフレ率が反映された名目ベースとなっている。

② 自国通貨建てキャッシュ・フローの割引計算

自国通貨建てキャッシュ・フローは，自国通貨建て割引率で割り引くことになる。自国通貨建ての投資価値が為替レートに対して感応度が高い場合には，有効な方法である。

購買力平価理論と金利平価理論が成立し，対象国のインフレ率を織り込んだ外国通貨建てのキャッシュ・フローに対して外国通貨建て割引率が対応し，フォワードレートを織り込んだ自国通貨建てキャッシュ・フローに対して自国通貨建て割引率が対応していれば，以下のように，計算された価値は一致する。

ただし，キャッシュ・フローに関しては，財やサービスの最終消費国が先進国であり，売上高はハード・カレンシー建てである一方，費用は対象国通貨建てであることもあり，実務では，必ずしも単純なケースとは限らない。実務家としては，キャッシュ・フローの各種前提条件を整理し，理論との整合性を検討することが重要となる。

| 図表4−1 | 計算例 |

【前提条件】

自国WACC（Japan）	8.00%	
南アフリカWACC（South Africa）	12.03%	
日本Rf	0.50%	
南アフリカRf	7.95%	
自国インフレ率	1.80%	1.018
南アフリカ・インフレ率	5.60%	1.056
直物レート	9.60円/ZAR	

Case A

期間	1	2	3	4	5	TV
南アフリカFCF（ZAR）：nominal CF	10.56	11.15	11.78	12.44	13.13	215.61
WACC（ZAR）の現価率	0.8926	0.7967	0.7112	0.6348	0.5666	0.5666
	9.43	8.88	8.37	7.89	7.44	122.17

164.19ZAR
1,576.26円

Case B

期間	1	2	3	4	5	TV
パリティーの条件	0.9640	0.9293	0.8959	0.8636	0.8326	
円/ZAR	9.25	8.92	8.60	8.29	7.99	
日本FCF（¥）：Nominal CF	97.73	99.49	101.28	103.10	104.96	1,723.32
WACC（Japan）の現価率	0.9259	0.8573	0.7938	0.7350	0.6806	0.6806
	90.49	85.29	80.40	75.78	71.43	1,172.86

1,576.26円
164.19ZAR

　以上のように平価理論が成立するなら，自国・外国通貨建てキャッシュ・フローと自国・外国通貨建て割引率との関係は図表4−2のように整理することができる。

| 図表4－2 | 自国・外国通貨建てキャッシュ・フローと自国・外国通貨建て割引率との関係性 |

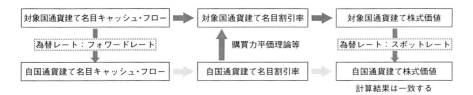

これ以降は WACC の構成要素である株主資本コストと負債コストについてみていくことにする。クロスボーダーの評価では，あえて，自国と外国とを区別する必要性から，国際株主資本コストあるいは国際負債コストと呼ぶこととする。

(4) 国際株主資本コストの見積り

① 対象国通貨建て株主資本コスト

対象国のマーケットデータが入手可能であれば，CAPM 理論を用いて，当該データに依拠した対象国通貨建ての株主資本コストを求めることができる。

$$COE_{foreign} = Rf_{foreign} + \beta_{foreign} \times ERP_{foreign}$$
$COE_{foreign}$ ：対象国の株主資本コスト
$Rf_{foreign}$ ：対象国リスク・フリーレート
$\beta_{foreign}$ ：対象国の企業ベータ
$ERP_{foreign}$ ：対象国のエクイティ・リスク・プレミアム

しかしながら，対象国の資本市場が未成熟で，マーケットデータが CAPM 理論の条件を満たすには不十分であれば，自国通貨建て株主資本コストからの調整が必要になる。

② 自国通貨建て株主資本コストの調整：対称性リスク

自国通貨建て株主資本コストの調整には，為替リスクとは別に，次に述べる

対称性リスクをみる必要がある。対称性リスクは期待価値に対してアップサイド・リスクとダウンサイド・リスクの対称性を有しているものであり，カントリー・リスクや事業リスクがこの対称性リスクの範疇に入る。これらのリスクは増大する範囲まで事業価値を減少させることになり，その事業が内在するボラティリティにどの程度影響するかによって計測されることになる。結果として，対称性リスクは，要求利回りを上昇させるとともに割引率も上昇させる。

なお，非対称性リスクも必要に応じ，割引率への反映とは別に検討する必要がある。非対称性リスクとは，期待価値に対してアップサイド・リスクあるいはダウンサイド・リスクのどちらか一方を有しているものであり，対象企業やプロジェクトが外国政府によって支配される接収リスクや部分的な，あるいは全面的な資金の本国への送金を禁ずる資金封鎖リスク等がその範疇に入る。一般的には非対称性リスクは確率によるウェイト付けしたシナリオ分析によって分析を行うことになる。

したがって，割引率に反映する対称性リスクとその測定方法についてみていくことにする。

（i）　対称性リスクとその測定方法

対称性リスクはマクロ経済に関連するリスク要因から生じるものもあれば，事業上のリスクから生じるものもある。たとえば，新興国の市場における極端に高いボラティリティは，主にマクロ経済に関連するリスク要因から生じるものであると考えられる。マクロ経済関連のリスクとしては，たとえばGDPや金利の上下変動や突然の政策変更等が挙げられる。一方，事業上のリスクとしては，急速な市場の構造変化，消費者選好の変更，高い参入率や退出率，外資規制の変更等が挙げられる。

高いボラティリティによって，高い割引率が導出されると考えられ，割引率が過大に見積られることもある。一方，リスクの範囲を限定的にとらえることになれば，割引率を過小に見積ってしまうことも考えられる。したがって，対称性リスクの計測の方法は注意深く検討する必要がある。

第4章　クロスボーダー取引の実務　191

(ii)　カントリー・リスク

　カントリー・リスクはソブリン・リスクと呼ばれることもある。カントリー・リスクはいろいろな定義がなされているが，評価上では，対外投資・融資の対象となる国の投融資の返済能力や現地の利益を自国通貨への転換能力に着目する。

　カントリー・リスクの計測の方法として，ソブリン債の利回りの水準を観察することがある（ソブリン債とは各国の中央政府や政府機関によって発行された債券である。たとえば，国債や政府機関債がソブリン債にあたる）。両国のソブリン債の利回りの差はカントリー・リスクと為替リスクの期待変動を反映している。対象国で自国（投資国）建てと対象国建てのソブリン債を発行している場合には，為替リスクの変動を見積ることができるので，カントリー・リスクを抽出することが可能である。しかしながら，対象国のソブリン債の発行条件や発行の有無から，この2つのソブリン債の比較は難しいかもしれない。

　代替案として，購買力平価理論に基づく期待インフレ率の差に基づき，各年度の為替レートを予想し，為替リスクの期待変動を除くことができる。さらに，厳密に，信用リスク・プレミアムが推定できれば理論的に純粋にカントリー・リスクを見積ることができる。

(iii)　カントリー・リスク・プレミアムの推定方法

現地政府債10年物イールド（現地通貨建て）
　―国債10年物イールド
　―現地と日本とのインフレ率差
　―日本国内の同格付社債と国債とのイールド差（信用リスク・プレミアム）
　＝カントリー・リスク・プレミアム

　ただし，新興国における割引率の留意点として，株式・債券市場の未成熟により，情報の制約を受けることから，カントリー・リスク・プレミアムの推定方法は以下にみるとおり別途考慮する必要がある。

(iv) カントリー・リスク・プレミアムを考慮したCAPM理論モデル

CAPM理論を基に，カントリー・リスク・プレミアムを一定と仮定して，自国のリスク・フリーレートに加算することが行われている。

$$COE_{foreign} = Rf_{domestic} + country \cdot risk \cdot premium + \beta_{domestic} \times ERP_{domestic}$$

$COE_{foreign}$ ：対象国の株主資本コスト
$Rf_{domestic}$ ：自国リスク・フリーレート
$country \cdot risk \cdot premium$ ：カントリー・リスク・プレミアム
$\beta_{domestic}$ ：自国の企業ベータ
$ERP_{domestic}$ ：自国のエクイティ・リスク・プレミアム

なお，国によってはハード・カレンシー（交換可能通貨）建て債券を発行していない場合には，別途，ハード・カレンシー建て債券を発行している国と合致している国のソブリン債を比較することになる。

カントリー・リスク・プレミアムについては，CAPM理論を延長したモデルとそれに依存しないモデルの2つに大別される。ここでは，実務で比較的よく使われている2つの代表的なモデルを紹介する。また，当該モデルは，新興国のカントリー・リスク・プレミアムの問題を解決している。

③ Damodaranモデル[2]

DamodaranはCAPM理論に基づき，自国の株主資本コストを推計した上で，カントリー・リスク・プレミアムを加算調整しているモデルを提唱している。いくつかのモデルが紹介されているが，そのうち，λアプローチをみてみよう。

Damodaranのカントリー・リスク・プレミアムは，対象国のデフォルト・スプレッドに対象国の株式市場のボラティリティと対象国の社債市場のボラティリティの相対比を乗じた積として求められる。

2　詳細は，谷山邦彦著「M&A　Review」2011年3月号「新興国を中心としたクロスボーダーの評価」を参照。

$$COE_{foreign} = Rf_{domestic} + \lambda \times country \cdot risk \cdot premium + \beta_{domestic} \times ERP_{domestic}$$

$$country \cdot risk \cdot premium = country \cdot default \cdot spread \times \frac{\sigma_{foreign \cdot equity}}{\sigma_{foreign \cdot bond}}$$

λ3：対象国カントリー・リスクに晒される度合い

$\sigma_{foreign \cdot equity}$：対象国の株式市場のボラティリティ

$\sigma_{foreign \cdot bond}$：対象国の社債市場のボラティリティ

$country \cdot default \cdot spread$4：対象国のデフォルト・スプレッド

④ Country Risk Rating Model

CAPM理論に依存しないCountry Risk Rating Model はErb, Harvey, Viskanto が提唱したモデルであり，回帰分析を通じ，直接，株主資本コストを計算する方法である。Y軸に株式市場が存在する株式市場の実績リターンを従属変数とし，X軸に株式市場の存在の有無を問わず，Institutional Investor紙のカントリー・クレジット・レーティングを独立変数とした回帰分析を行うものであり，線形回帰モデルや対数回帰モデルが実務で用いられている。株式市場の存在に限らないため，新興国のカバー率が高いというメリットを有する。ただし，統計上，有意かどうかは確認する必要がある。

線形回帰モデル：$COE_{f,t} = a + b \times CR_{f,t-1} + \varepsilon$

対数回帰モデル：$COE_{f,t} = a + b \times \ln(CR_{f,t-1}) + \varepsilon$

$COE_{f,t}$：t期の株式市場のリターン

$CR_{f,t-1}$：$t-1$期の各国信用リスク格付け

a：切片

b：係数

ε：誤差項

各モデルには統計上の有意性あるいは新興国のカバー率等の差異もあるので，複数の数値を比較検討する必要がある。

3　詳細はDamodaranのサイトを参照。

4　対象国のデフォルト・スプレッド（country default spread）はDamodaranのサイトから入手することができる。

実務上，Country Risk Rating Model で推計された自国の株主資本コストと投資国の株主資本コストとの比例関係を用いて，国際株主資本コストを推計することがある。具体的には，自国のある特定の産業あるいは類似会社の株主資本コスト $COE_{country,compco}$ を計算する。この自国の $COE_{country,compco}$ を Country Risk Rating Model で推計された自国の株主資本コストと投資国の株主資本コストとの比を乗じることで，投資国の株主資本 $COE_{foreign,compco}$ に転換することができる。

$$COE_{foreign,compco} = COE_{country,compco} \times \frac{COE_{f,t}}{COE_{country,t}}$$

$COE_{foreign,CRRM}$：Country Risk Rating Model で推計された投資国の株主資本コスト
$COE_{countryCRRM}$：Country Risk Rating Model で推計された自国の株主資本コスト
$COE_{country,compco}$：自国のある特定の産業あるいは類似会社の株主資本コスト
$COE_{foreign,compco}$：投資国のある特定の産業あるいは類似会社の株主資本コスト

(5)　国際負債コスト

①　対象国通貨建て負債コスト

　対象国の金利データが入手可能であれば，当該データに依拠した対象国通貨建ての負債コストを利用することができる。しかしながら，新興国では債券の発行条件，発行の有無等の制約から入手できないことが想定され，自国の負債コストからの調整が通常行われている。

②　自国の負債コスト調整

　対象国と自国との同格付けの長期の負債コストがあれば望ましいが，負債コストの同格付けの入手が困難な場合が想定される。実務では，簡便的な方法として，自国企業の BBB 格付けの負債コストに自国の国債と対象国の国債のスプレッドを加え，対象国の税率を適用し，税引後調整負債コストを計算することがある。

第4章　クロスボーダー取引の実務　195

$$COD_{foreign} = COD_{domestic \cdot BBB} + (Rf_{foreign} - Rf_{domestic})$$
$$After \cdot tax \cdot COD_{foreign} = \{COD_{domestic \cdot BBB} + (Rf_{foreign} - Rf_{domestic})\} \times (1 - tax_{foreign})$$

$COD_{foreign}$：対象国の負債コスト
$After \cdot tax \cdot COD_{foreign}$：対象国の税引後負債コスト
$COD_{domestic \cdot BBB}$：自国のBBBの負債コスト
$Rf_{domestic}$：自国リスク・フリーレート
$Rf_{foreign}$　：外国リスク・フリーレート
$tax_{foreign}$　：対象国税率

2　インフレーション

(1)　フィッシャー効果

　次に，割引率，キャッシュ・フローおよびインフレーションの関係について整理してみよう。インフレーションの理論として，先に紹介した，国際フィッシャー効果の基礎となる，名目金利が実質金利と期待インフレ率を加えた水準に等しくなるまで働くというフィッシャー効果の考え方を割引率にも援用することができる。

【フィッシャー方程式】
$$r_{real} + i = r_{nominal}$$
$r_{nominal}$：名目金利
r_{real}　：実質金利

(2)　名目ベースのキャッシュ・フロー対名目割引率

　キャッシュ・フローが名目値であれば，割引率も名目値である必要がある。
　すなわち，名目ベースのキャッシュ・フローに対しては，名目割引率で割り引く必要がある。これは，インフレーションが反映されている名目ベースのキャッシュ・フローに対しては，すでにインフレーションが織り込み済みの株主

資本コストおよび負債コストを構成している WACC で割り引くことになる。実務では，通常 WACC は名目ベースで推計されていることから，キャッシュ・フローが，インフレーションが織り込まれているかどうか確認する必要がある。特に，高インフレ国の企業を評価する場合には留意する必要がある。

(3) 実質ベースのキャッシュ・フロー対実質割引率

キャッシュ・フローが実質値であれば，割引率も実質値である必要がある。

すなわち，実質ベースのキャッシュ・フローに対しては，実質割引率で割り引く必要がある。実質ベースのキャッシュ・フローはインフレーションが考慮されていないことから，インフレーションを排除した実質割引率を求める必要がある。

| 図表4－3 | 計算例 |

【前提条件】

南アフリカ実質WACC （South Africa）	6.09%

CaseC

期間	1	2	3	4	5	TV
南アフリカ実質FCF （ZAR）：Real CF	10.00	10.00	10.00	10.00	10.00	164.19
WACC（ZAR）の現価率：	0.9426	0.8885	0.8375	0.7894	0.7441	0.7441
	9.43	8.88	8.37	7.89	7.44	122.17

164.19ZAR
1,576.26 円

(4) フィッシャー効果とWACCとの関係

フィッシャー効果の考え方から，名目金利，実質金利および期待インフレ率の関係は以下の公式で表すことができる。

$$\frac{1+ r_{nominal}}{1+ i} = 1 + r_{real}$$

$r_{nominal}$：名目金利

r_{real}　：実質金利

　名目金利，実質金利および期待インフレ率の関係を名目割引率，実質割引率および期待インフレ率との関係に置き換えることができる。

$$\frac{1+WACC_{nominal}}{1+ i} = 1 + WACC_{real}$$

i：期待インフレ率

$WACC_{nominal}$：名目 WACC

$WACC_{real}$　：実質 WACC

⑸　名目ベースのキャッシュ・フロー対実質ベースのキャッシュ・フロー

　キャッシュ・フローと期待インフレ率の関係についてみるならば，計画の策定が，名目ベースのキャッシュ・フローによるか，実質ベースのキャッシュ・フローによるかを確認することが重要である。実務では名目ベースでのキャッシュ・フローによることが一般的であるが，計画の前提条件の複雑性から，実質ベースでのキャッシュ・フローで策定されることもある。いずれにしても計画の前提条件の妥当性および各々の前提条件の整合性にも留意することが必要となる。その上で，割引率が名目か実質かを選択することとなる。

⑹　事業計画期間以降の期待インフレ率の取扱い

　DCF 法では株主価値を算定する場合，事業計画の価値算定に加え，事業計画以降の価値として，継続価値を算定する必要がある。いくつかの継続価値算定モデル[5]が存在するなか，成長率 g を設定する必要がある。この成長率 g については，長期の経済成長率や長期のインフレ率を検討することになる。予測

5　モデルの詳細は谷山邦彦著『バリュエーションの理論と応用』「第3章 DCF 法による評価　5 継続価値算定モデル」中央経済社を参照。

期間において，インフレ率を考慮した名目ベースの事業計画が作成されている場合には，予測期間以降には長期インフレ率を反映する必要がある。

【通常の成長率モデル（バリュー・ドライバー・モデル）】

$$CV = \frac{FCF_{t=n} \times (1+g)}{WACC - g}$$

CV ：継続価値
g ：成長率
$FCF_{t=n}$：最終年度のフリー・キャッシュ・フロー
n ：最終年度

3　海外における償却に係る節税効果

近年，日本企業によるクロスボーダーのM&Aが実施される機会も増加しており，会計基準のコンバージェンスにより，海外企業のPPA評価を実施する機会も少なくない。無形資産固有の論点である償却に係る節税効果につき，海外企業を取得した際にどのように考慮すべきかにつき，筆者の評価実務の経験より説明する。

償却に係る節税効果（TAB）は，各国の評価実務により認識する際の前提が異なるケースが存在する。たとえば，国によっては現地の評価実務において一部の無形資産に関しては償却に係る節税効果を計上しない場合もある。

TABの認識において判断が難しいのは，TABそのものを考慮するか否か，また，どの無形資産は考慮し，どの無形資産は考慮しないか等においては，何かしらの基準書，ガイドライン等が公表されていることは少なく，当該国における評価専門家らにおける評価実務において決められている場合が多いと思われる。そのため，クロスボーダー案件の無形資産評価を実施する場合は，当該国の実務（TABの考慮の有無，償却年数，実効税率等）を確認したうえで実施することが必要になる。

第4章　クロスボーダー取引の実務　199

(1)　償却年数および実効税率の違いによるTABの影響度の変化

　日本において無形資産評価を実施する場合は，税務上の償却年数5年および実効税率約30％にてTABを算定する場合が多いが，海外においては，国々によって多岐にわたる前提条件が考えられる。たとえば，償却年数の場合，米国（15年），英国（最大25年）等，また実効税率の場合は，シンガポール（17.0％），アイルランド（12.5％）等，どの国においてM&Aを実施するかによって，TABの影響度は大きく異なってくることが考えられる。

　図表4－3は，節税効果考慮前の評価額を100および割引率を8％とした場合に，償却年数および実効税率によって，TABがどの程度の評価額になるかを示したものになる。償却年数5年，実効税率40％にて考えた場合，節税効果考慮前の評価額100の50％に相当する50を，TABとして無形資産評価額に加算する必要が出てくる。しかし，償却年数25年および実効税率20％の場合は，TABが10と上述のケースの5分の1の評価額となり，無形資産の評価結果としては大きな差が出ることがわかる。

| 図表4－4 | TABの償却年数および実効税率の影響 |

		償却年数				
		5年	10年	15年	20年	25年
実効税率	20%	20	16	13	11	10
	25%	26	21	17	15	12
	30%	33	26	22	18	15
	35%	41	32	26	22	18
	40%	50	39	31	26	22

※　節税効果考慮前の評価額を100，割引率を8％と想定した場合

4 税効果会計

(1) 繰延税金資産／負債の影響

　連結会計上は、被取得企業の資産および負債が取得日時点の公正価値をもって取得企業の連結B/Sに計上される。被取得企業の税務上の資産・負債の帳簿価額と資産・負債の公正価値との間に一時差異が生じることから、繰延税金資産・負債計上の検討が必要になる。PPAにおいては、被取得企業B/Sに計上されていない無形資産が認識されるため、評価差額が取得企業における連結上の一時差異に該当し、繰延税金資産（DTA：Deferred Tax Assets）または繰延税金負債（DTL：Deferred Tax Liabilities）が計上されることになる。

　図表4－4は、無形資産評価を実施する前ののれん（配賦前のれん）が3,000、無形資産評価において識別された無形資産2,000および実効税率40%と仮定した場合、DTLによるのれん計上額への影響につき図示したものである。

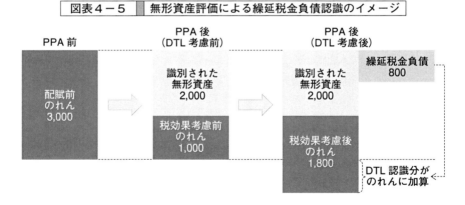

図表4－5　無形資産評価による繰延税金負債認識のイメージ

　本図表が示すとおり、無形資産を2,000計上することにより、DTLが800（＝2,000×40%）計上されることになり、のれんはDTL分だけ増加することにつながる。B/Sの資産サイドでは、配賦前のれんが3,000だったのに対して、無形資産およびのれんの合計が、DTLの影響により3,800になる。特に日本の

会計基準の場合は，無形資産およびのれんをともに償却する必要があるため，営業利益への償却費のインパクトについては，取得企業の予算，計画等を策定するにあたって慎重に検討する必要がある（なお，純利益ベースでは，DTLも取り崩されるため，DTLの影響による差異はない）。

(2) クロスボーダー案件における税率の選択

実際にクロスボーダー案件にて無形資産評価を実施する際，DTA/DTLを認識する実効税率は被取得企業の所在地国の実効税率を使用するケースが一般的である。ただし，被取得企業がグローバルに事業を展開しているケースなどにおいては，DTA/DTLに適用する税率検討はより複雑になると考えられることから，企業結合時は会計および税務専門家に確認の上，実施することが望ましい。

第5章

その他の実務上の論点

　前章までにおいて，PPAの主要な論点について解説してきた。本章では，特に会社担当者が理解しておくと有益であると思われる，その他の実務上の論点を取り上げる。

1　ブランド・顧客関連資産

　ブランドや顧客関連資産は，国際財務報告基準や米国基準の実務では，一般的に企業結合時に識別されるが，現行の日本基準ではのれんから区分されて識別されるケースは少ないといわれている。

　ブランドおよび顧客関連資産の評価は，当該無形資産から生じるキャッシュ・フローを直接把握することが困難であることから会社の判断に依存する部分も多く，客観性に問題があること，多額の無形資産を識別・測定することにより負ののれんが生じ，これが利益操作に利用されることも指摘されていることから，現行の日本基準では識別されることが少ない当該無形資産をPPA時に区分する必要はないという考え方がある。

　一方で，会社の判断に依存する部分が大きいものの，買収対価の内訳を分析することが可能となり企業結合の実態が反映された有用な情報が提供される，把握された無形固定資産ごとに個別に合理的な償却期間が設定されるなどの有用性があることから，のれんとは区分されるべきとの考え方もある。

　企業結合適用指針370項には，「コーポレート・ブランドを無形資産として取

得原価を配分する場合には，事業から独立したコーポレート・ブランドの合理的な価額を算定でき，かつ，分離可能性があるかどうかについて留意する必要がある」とあることから，合理性と分離可能性に留意することにより，現行の日本基準でもブランドおよび顧客関連資産の計上は可能である。

なお，ブランドや顧客関連資産の価値に着目して企業結合が行われた場合には，分離可能としてのれんとは区別して識別されると通常考えられる（企業結合適用指針59-2項）。

2　自社評価の場合の留意点

PPAを行う場合，企業は外部の専門家による評価を依頼することが多い。しかし，金額的重要性から外部の専門家に対して依頼を行わず，自社で評価を行う場合もある。

(1)　各資産・負債ごとの評価方法

自社で評価を行う場合，それぞれの資産・負債について評価の必要性を検討することとなる。各資産の代表的な評価方法としては，図表5-1に示したようなものが挙げられる（有形固定資産，無形資産については「第3章　固定資産評価の実務」「第2章　無形資産評価の実務」を参照）。

①　有価証券

市場価格を有する有価証券については，企業結合日における市場価格を時価とする。市場価格がない有価証券については，合理的に算定された価額を使用するが，非上場株式については，時価を算定することが極めて困難と認められることから，実質価額（金融商品指針92項）を合理的に算定された価額とすることも考えられる。

②　金銭債権・債務

金銭債権・債務は将来キャッシュ・フローを割り引いた現在価値で評価され

種　類		主な評価方法
有価証券	時価のあるもの	企業結合日の市場価格もしくは，合理的に算定された価額
	時価を把握することが極めて困難と認められるもの	企業結合日における実質価額
金銭債権・金銭債務		将来キャッシュ・フローを割り引いた現在価値
棚卸資産		企業結合日における正味売却価額
退職給付引当金		退職給付に関する会計基準に基づいて算定した退職給付債務および年金資産の正味の価額
偶発債務		企業結合日において引当金の要件を満たす場合には，合理的な見積りに従った金額
その他の引当金		引当金の要件を満たす場合には，合理的な見積りに従った金額
ヘッジ資産・負債		金融商品に関する会計基準に従って算定した企業結合日における時価

図表5-1　各資産の主な評価方法

るが，短期の金銭債権・債務について割引計算を行う必要はないとされている。金銭債権に関する貸倒引当金（一般債権にかかるもの）については，金銭債権の評価額から控除せず，承継することができる。

　長期の金銭債務（借入金等）の評価にあたっては，被取得企業の取得の対価の決定にあたり，明らかに被取得企業の信用リスクが反映されている場合を除き，原則として取得企業の信用リスクを反映した企業結合日時点の割引率を使用する。

③　棚卸資産

　棚卸資産は，被取得企業において収益性の低下による簿価切下げ後の価額で評価が行われている場合，実務上，当該価額で棚卸資産を評価することとなる。

　そのような評価が行われていない場合，棚卸資産は企業結合後に販売されることで，初めて利益が実現することとなる。そのため，棚卸資産の評価にあた

第5章　その他の実務上の論点　205

っては，以下のように合理的な利益額等が控除された金額が評価額となる。

製品および商品	見積売却価額から合理的な利益額および売却費用を控除した価額
仕掛品	見積売却価額から合理的な利益額および売却費用，完成までの費用を控除した価額
原材料	再調達原価

④　偶発債務

　企業結合日において，引当金の要件を満たす偶発債務については，合理的に見積った金額を偶発損失引当金等として評価する。また，引当金の要件を満たさない偶発債務であっても，結合当時者間の合意により取得の対価から減額されるなど「企業結合に係る特定勘定」の要件を満たす場合には，「企業結合に係る特定勘定」として計上される。

⑤　その他の引当金

　被取得企業が計上しているその他の引当金については，企業結合日における合理的な見積りに従った金額で評価することとなる。

(2)　自社で評価を行う場合の留意点

　対象となるような無形資産を網羅的に識別するために，企業結合適用指針58項，367項などに記載されているような資産や無形資産の例示（「第2章2　PPAで識別される無形資産の種類」参照）に挙げられるような資産については，その有無を検討する必要がある。なお，特定の無形資産の価値に着目して取得が行われた企業結合の場合などにおいては，当該資産が識別されると通常考えられる（企業結合適用指針59-2項）。

　検討の結果，認識された無形資産について，どのアプローチ（マーケット・アプローチ，インカム・アプローチ，コスト・アプローチ）により評価するかを選択することとなる。識別された無形資産の評価方法の選択方法については，「第2章3　無形資産の評価手法」に記載のとおりである。

3 専門家による評価を依頼した場合

外部の専門家に評価を依頼する場合，外部の専門家から被取得企業への依頼事項等のまとめに加え，「第2章1(2)④(ⅱ)識別された無形資産の価値評価」に記載されている事項などについては，会計監査人と合意する必要がある。その際の留意点として，以下のようなものが挙げられる。

(1) 識別される見込みの資産について

取得時のデューデリジェンスの結果や取得企業による対象企業についての分析結果等と大きく異なることがないかについて，評価結果が算定される前に会社と協議する必要がある。特許権や商標権，ソフトウェアなど被取得企業が有する特定の無形資産の取得を目的としているにもかかわらず，当該無形資産が含まれていないということがないかどうかなどについて外部専門家とディスカッションを行う必要がある。

(2) スケジュールについて

PPAは企業結合日より1年以内に完了する必要がある。したがって，企業結合が実施されることとなった場合，速やかにスケジュールを協議する。

その際，被取得企業において資料を準備するために要する期間，外部の第三者が評価を行うために必要な期間，取得企業がその結果を検討するために必要な期間，会計監査人によるPPAの検討にかかる期間などについて考慮の上でスケジュールを調整する必要がある。

(3) 事業計画

無形資産を評価するにあたり，インカム・アプローチを採用する場合，その前提となる事業計画が必要となる。企業結合にあたり何らかの事業計画がすでに策定されている場合が多いが，複数のケースがある場合がある。このような場合，取得にあたりどのケースをベースに将来キャッシュ・フローを見積るか

検討する必要がある。

　また，取得前に策定した事業計画は被取得企業の実態を反映していない場合もある。そのような場合には，取得原価の配分を行う中で被取得企業の実態が反映された事業計画を策定し，採用することが考えられる。

(4)　耐用年数

　認識された無形資産ごとに耐用年数が設定されることとなるが，耐用年数の見積りは，経営者の意図により大きく左右されることとなる。たとえば，取得後3年間経過した段階で被取得企業が有する商標権を使用しないことが企業結合時点で決まっていた場合には当該商標権の耐用年数は3年とされる可能性がある。

　一方で，耐用年数を見積るにあたり，商標権などにおいて耐用年数が確定できない場合も考えられる。国際財務報告基準においては，耐用年数を確定できない無形資産について言及されており，その取扱いが示されているが，日本基準においてはどのような取扱いをするかについて明文の定めはない。したがって，日本基準において耐用年数が確定できない無形資産を認識する場合には慎重な対応が求められることとなると考えられる。

(5)　ロイヤリティレートやマルチプル法における倍率などの評価手法ごとに設定される事項

　ロイヤリティレート法におけるロイヤリティレートやマルチプル法における倍率など，評価手法ごとに比率が設定される項目がある。これらの項目については，同業他社との比較などが行われて設定されることが多い。そのため，比較対象となる同業他社が妥当であるかについて考慮する必要がある。被取得企業が業界で中堅程度の知名度しか有していないにもかかわらず，比較対象としている同業他社がすべて業界トップクラスの企業のみであるような場合には，レートが高くなってしまうためである。

4　のれんの償却期間

PPA を行った結果，無形資産に配分されなかった金額がのれんとして計上されることとなる。のれんの償却期間については日本基準上，「20年以内のその効果の及ぶ期間」とされている（企業結合会計基準32項）。「効果の及ぶ期間」については，たとえば次に示すような方法で実態に応じた判断を行う。なお，次に示す方法はあくまで例示であり，個々の実態に即して償却年数を決定することが必要となる。

(1)　取得時に算定した将来計画における見積期間を使用する方法

企業結合にあたり，被取得企業の取得の対価を決定するために割引将来キャッシュ・フロー法などにより企業価値を算定している場合がある。そのような場合，将来キャッシュ・フローの見積期間とは，取得企業が当該企業からもたらされるキャッシュ・フローを期待している期間である。つまり，のれんの効果が及ぶ期間を取得時に算定した将来計画における見積期間とすることで，キャッシュ・フローが期待される期間にわたりのれんの効果を見込む方法である。

この方法によると，取得時点における将来キャッシュ・フローがもたらされると期待している期間とのれんの償却期間が一致する。したがって，将来の収益とのれんの償却費用が対応することとなり，費用収益対応の原則と整合的な考え方となる。

しかし，取得にあたり，保守的な期間でキャッシュ・フローが見積られている場合や，当該期間経過後も被取得企業は事業活動を継続すると通常考えられることから，のれんの償却期間と企業結合による効果が実態と整合しないとも考えられる。

(2)　取得時の将来計画により投資が回収される期間を使用する方法

企業が行った投資額は被取得企業の将来キャッシュ・フローにより回収を見込んでいることから，当該投資が取得時の将来計画によりもたらされる利益に

より回収される期間をのれんの効果の及ぶ期間とする方法である。

　当該方法は，投資額が将来収益により回収されると期待されていることから，被取得企業の利益による投資額の回収期間をのれんの効果の及ぶ期間とするものである。しかし，当該回収期間の利益の合計とのれんの償却費の合計が等しくなる，すなわち，被取得企業の純資産が投資額に比べて少額である場合には，当該期間における将来利益の合計額とのれんの償却額が等しくなってしまう場合がある。このような場合，企業結合時点において策定された被取得企業の将来計画の期間と比べてのれんの効果が及ぶ期間が保守的に短く算定されてしまう可能性がある。

(3)　被取得企業の事業を行うと合理的に見積る期間を使用する方法

　実施された企業結合の目的が被取得企業の保有する期限に定めのある法律上の権利を取得することである場合や，何らかの事由により一定期間経過後に被取得企業が清算される場合などに当該期間をのれんの償却期間とする方法である。たとえば，企業結合が法律上の権利によりもたらされる収益のみを目的として行われている場合，企業結合によりもたらされる収益は当該権利の存続期間にわたることから，のれんの効果が及ぶ期間を当該法律上の権利の存続期間とするものである。

　この方法は，企業結合により収益がもたらされる期間とのれんの償却期間が一致するため，費用収益対応の原則と整合するものであるが，特定の権利等から生じる収益を目的として行われない場合には使用することは困難である。

(4)　取得にあたり永久価値を使用しているような場合

　被取得企業の取得の対価の算定にあたり，被取得企業の将来キャッシュ・フローが将来にわたり継続すると考え，永久価値を使用しているような場合，のれんの償却期間を最長期間である20年とする場合も考えられる。しかし，極めて長期間であるため，20年間，のれんの効果が及ぶと合理的に判断できることが必要となる。たとえば，以下に記載のような要件を満たすことが必要である。

① ブランド力

被取得企業が有する製品のブランドの品質が高いことで有名であるなど，同業他社と比較し価格競争力が高いブランドを有している場合，実質的に競合がいないような製品を有している場合，業界内における序列が上位にあるような場合，参入障壁が高い業種であり安定した業界環境が見込まれるような業種である場合など，被取得企業が業界内で優位な地位を有している場合は，被取得企業のブランド力が高いと判断できる。

② 成長性

店舗の出店先として，これまで展開していない地域が十分にあり，今後の成長が十分期待できるような状況にある場合，アナリストによるマーケットレポートなどにおいて業界そのものが今後も成長していくと見込まれている場合，業界としては停滞しているものの被取得企業が営む事業については，新たな付加価値を提供することで成長が見込まれている場合，競合との競争にも耐えうるような戦略を有している場合などにおいて被取得企業の成長性があると判断できる。

③ 継続性

内部におけるノウハウの蓄積が継続して行われており，事業活動を継続し成長していくための土壌が整っている場合，取引先との間に中長期的に継続していくことを前提とした強固な関係を構築しており，長期間にわたって取引を継続することが期待できる環境にある場合などは，事業活動を継続することが長期にわたって見込まれると判断できる。

(5) その他企業が合理的と考える方法により効果の及ぶ期間を算定する

上記の方法を組み合わせるなど，当該企業が実態に応じて合理的な算定方法により償却年数を見積ることとなる。

5 税効果会計

PPAにおいて受け入れた資産および引き受けた負債は時価評価されるため，税務上の簿価（時価）と乖離する可能性があり，税効果会計を検討する必要がある。組織再編の税務の詳細は専門の書籍でご確認いただくとして，ここではPPA時の一時差異や欠損金に対する，原則的な税効果会計の処理を解説する。

(1) PPA時の税効果会計

PPAの結果，認識された資産および負債に一時差異が生じている場合には，繰延税金資産・負債の計上を考慮する必要がある（企業結合適用指針71項）。一方，のれんについては繰延税金資産を計上しないこととされている（企業結合適用指針72項）。なお，非適格合併における税務上ののれん（資産調整勘定または負債調整勘定）は全額が一時差異となり，繰延税金資産・負債の計上の対象となる（企業結合適用指針378-3項）。

各資産・負債の税効果会計の適用は図表5－2のように整理される。

図表5－2　各資産・負債の税効果会計の適用

区分	事象	一時差異の類型	税効果会計
会計上	新たな資産が認識された場合	将来加算一時差異が生じる可能性がある	原則，繰延税金負債が計上される。
会計上	資産に評価差益が生じた場合	将来加算一時差異が生じる可能性がある	原則，繰延税金負債が計上される。
会計上	新たな負債が認識された場合	将来減算一時差異が生じる可能性がある	繰延税金資産の回収可能性を検討し，回収可能性がある場合に限り繰延税金資産が計上される。回収可能性の判断は，「繰延税金資産の回収可能性に関する適用指針」による。
会計上	資産に評価差損が生じた場合	将来減算一時差異が生じる可能性がある	繰延税金資産の回収可能性を検討し，回収可能性がある場合に限り繰延税金資産が計上される。回収可能性の判断は，「繰延税金資産の回収可能性に関する適用指針」による。
会計上	のれん		税効果は認識しない。

| | 資産調整勘定が生じた場合 | 将来減算一時差異 | 繰延税金資産の回収可能性を検討し，回収可能性がある場合に限り繰延税金資産が計上される。
回収可能性の判断は，「繰延税金資産の回収可能性に関する適用指針」による。 |
|税務上| 負債調整勘定が生じた場合 | 将来加算一時差異 | 原則，繰延税金負債が計上される。 |

　また，会計上は取得とされたM&Aの報告単位の統合が連結・個別財務諸表のどちらで行われるか，税務上の分類が適格・非適格組織再編なのかによって，PPAの結果，一時差異が生じるかどうかは異なり，一般的には図表5－3のように整理される。

図表5－3　取得の場合の一時差異の発生パターン

区分	事象	連結財務諸表	個別財務諸表 税務上 適格組織再編	個別財務諸表 税務上 非適格組織再編
会計上	新たな資産が認識された場合	○	○	
会計上	資産に評価差益が生じた場合	○	○	
会計上	新たな負債が認識された場合	○	○	
会計上	資産に評価差損が生じた場合	○	○	
税務上	負債調整勘定が生じた場合			○
税務上	資産調整勘定が生じた場合			○

（注）　○：基本的に一時差異が生じる。なお上記はあくまでも基本的なパターンであり，実際に一時差異が生じているかどうかは個別に判断する必要がある。

　将来減算一時差異が生じる場合には，回収可能性を検討し，回収可能性がある場合に限り繰延税金資産を計上し，将来加算一時差異が生じる場合には原則，繰延税金負債を計上する。また，差額概念であるのれんは，これらの税効果会計適用後の差額として計算される。

第5章　その他の実務上の論点　213

設例5－1　取得における税効果

前提条件

　税効果会計を考慮する以外，「第1章8⑷取得原価の配分の暫定処理と確定処理」と同一とする。

- 税務上は非適格組織再編とする。
- 会計上・税務上の時価は一致しており，税務上は資産調整勘定が200発生している。
- 将来減算一時差異のすべてに回収可能性がある。
- 法定実効税率は30％とする。

企業結合日（合併期日）の会計処理（X2年1月1日）

（個別財務諸表上の会計処理）

　第1章8⑷参照

　当設例では，暫定的な会計処理時点で，取得原価の配分により認識された資産は0（顧客リストの暫定的な評価額は0）であるため，繰延税金資産・負債への取得原価の配分は行われない。

年度決算時の会計処理（X2年3月31日）

（個別財務諸表上の会計処理）

　第1章8⑷参照

暫定的な会計処理の確定時の会計処理（X2年6月30日）

　暫定的な会計処理を確定させたことにより繰延税金資産・負債への取得原価の配分額を見直した場合には，企業結合日におけるのれんの額も取得原価が再配分されたものとして会計処理を行い，企業結合年度に当該確定が行われたかのように会計処理を行う（企業結合適用指針70項，73項）。

この設例では，顧客リストには一時差異が生じていないが，税務上の資産調整勘定に一時差異が生じている。

あるべき企業結合日の会計処理

（借）	売掛金		300	（貸）	負債	300
	棚卸資産		100		払込資本	1,100
	顧客リスト	（※1）	800			
	繰延税金資産	（※2）	60			
	のれん		140			

（※1）　顧客リストの評価額：800
（※2）　繰延税金資産：資産調整勘定200×法定実効税率30％

あるべき年度決算時の会計処理

（借）	顧客リスト償却	（※3）	10	（貸）	顧客リスト	10
	のれん償却	（※4）	3.5		のれん	3.5
	法人税等調整額	（※5）	12	（貸）	繰延税金資産	12

（※3）　四半期分の顧客リストの償却額：800÷20年×3/12＝10
（※4）　四半期分の確定したのれんの償却：140÷10年×3/12＝3.5
（※5）　繰延税金資産の取崩額：
　　　　資産調整勘定の償却額：200×12/60×＝40
　　　　資産調整勘定の償却額40×法定実効税率30％＝12
　　　　資産調整勘定の償却額は，「資産調整勘定の金額に係る当初計上額を六十で除して計算した金額に当該事業年度の月数を乗じて計算した金額」（法人税法62条の8第4項）となる

上記会計処理が企業結合年度になされていたと考えると，暫定的な会計処理の確定時の会計処理としては以下のようになる。

第5章　その他の実務上の論点　215

（借）	顧客リスト	800	（貸）	のれん	800
	繰延税金資産	60		のれん	60
	利益剰余金	（※6）10		顧客リスト	10
	のれん	21.5		利益剰余金	（※7）21.5
	利益剰余金	（※8）12		繰延税金資産	12

（※6）　前期分の顧客リスト償却額：10
（※7）　のれん償却額の修正：21.5＝暫定的なのれんの償却25－確定したのれんの償却3.5
（※8）　前期分の繰延税資産の取崩額：12

(2)　税務上の繰越欠損金と将来加算一時差異

　税務上の繰越欠損金は，その繰越期間内にわたり，次の手順の後に相殺しきれなかった将来加算一時差異の解消見込額および課税所得の見積額を限度として繰延税金資産を計上することとなる。

--- 繰延税金資産の回収可能性に関する適用指針11項に記載の手順 ---

① 　将来減算一時差異の将来解消見込年度のスケジューリングを行う。
② 　将来加算一時差異の将来解消見込年度のスケジューリングを行う。
③ 　①および②を各解消見込年度ごとに相殺する。
④ 　③で相殺しきれなかった将来減算一時差異の解消見込額については，解消見込年度を基準として，繰戻・繰越期間の将来加算一時差異（③で相殺後）の解消見込額と相殺する。
⑤ 　①から④により相殺しきれなかった将来減算一時差異の解消見込額については，将来の一時差異等加減算前の課税所得の見積額（タックス・プランニングに基づく一時差異等加減算前課税所得の見積額を含む）と，解消見込年度ごとに相殺する。
⑥ 　⑤で相殺しきれなかった将来減算一時差異の解消見込額については，解消見込年度を基準として繰戻・繰越期間の一時差異等加減算前課税所得の見積額（⑤で相殺後）と相殺する。

　ここで税務上の欠損金を有するが当該欠損金全額に繰延税金資産が計上されていない会社の株式を取得し，PPAによって特許権が連結財務諸表で認識さ

れたケースを想定する。PPA により資産（このケースでは特許権）が認識されれば，当該資産は将来加算一時差異となり繰延税金負債が計上される。しかし，この一時差異は連結財務諸表固有の将来加算一時差異であり，取得された会社の欠損金の回収には使用できないと解される。したがって，PPA の結果，将来加算一時差異が発生しても，通常は企業結合時点において被取得企業の税務上の欠損金に繰延税金資産が追加計上されることはない。

これは，PPA の結果，たとえ新たな資産が計上されることにより被取得企業の収益獲得能力が変化したと考えられるとしても，繰越欠損金の回収可能性は，企業結合前の従前の収益力に基づく課税所得により判定されるためである。企業結合による繰延税金資産の回収可能性は，企業の収益力に基づく課税所得の十分性により判定され，企業結合年度から反映される（企業結合適用指針75項)。すなわち，企業結合により収益獲得能力が変化した影響は損益計算書上に反映されることとなる。

しかし，国際財務報告基準では PPA の結果，将来加算一時差異が認識された場合には，従前，繰延税金資産の計上要件を満たしていない欠損金に対して繰延税金資産を計上することが可能となるため留意が必要である。

第**6**章

減損会計で留意すべき事項

M&Aの取得原価はPPAにより個々の資産および負債に配分され，配分しきれない差額は「のれん」とされる。これらの資産およびのれんは，減損の兆候がある場合に減損テストが実施されることにより，事後的にM&Aの取得原価の適切性がモニタリングされることとなる。減損テストの結果，のれんに減損が生じるケースでは，巨額の減損となることが多く，発生時の影響も大きいことから，減損会計の実務を理解することが大切である。PPAにより認識された資産およびのれんの取得後の会計処理の一環として，本章では，減損会計について包括的に解説する。

1 PPAにより認識された資産およびのれんの減損会計における取扱い

合併や事業譲受などの企業結合の場合には，報告単位の統合が個別財務諸表で行われるため，PPAにより認識された資産およびのれんは，個別財務諸表上に直接認識される。一方で株式の取得や株式交換などの企業結合の場合には，報告単位の統合が連結財務諸表で行われるため，PPAにより認識された資産およびのれんは，通常は連結財務諸表を作成する一環として認識される。

どちらにおいても，PPAにより認識された資産およびのれんは減損会計基準の適用対象となる（減損会計基準一）。

2 減損会計の意義

固定資産の減損とは，資産の収益性の低下により投資額の回収が見込めなくなった状態であり，減損処理とは，そのような場合に，一定の条件の下で回収可能性を反映させるように帳簿価額を減額する会計処理である（固定資産の減損に係る会計基準の設定に関する意見書三3）。

PPA の手続において，インカム・アプローチ，マーケット・アプローチ，コスト・アプローチなどさまざまな評価手法が用いられる。これらの手法にM&A によって見込まれると期待される仮定や予測が反映され，PPA 時点の資産の帳簿価額となる。しかし，何らかの事情により M&A で当初見込まれていた収益が達成できないと判断された場合には，当初の仮定や予測を現在の企業が置かれている固有の事情を反映させ修正する必要がある。この結果，資産の帳簿価額が減額されるが，これが，PPA により認識された資産およびのれんの取得後の会計処理の一環としての減損会計である。

3 減損会計の流れ

減損会計は，対象となるすべての固定資産について回収可能性を検討するわけではなく，実務負担を考慮して減損の兆候が生じている資産または資産グループについて回収可能性を検討し，減損損失を認識し，測定するという扱いになっている。

第6章 減損会計で留意すべき事項　219

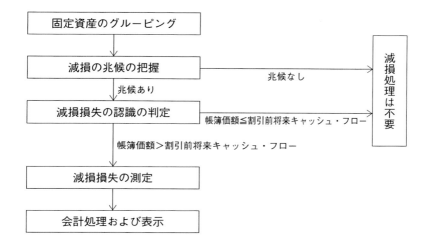

4　資産のグルーピング

　減損会計では，減損損失の認識・測定を行う単位として，資産のグルーピングを決定する必要がある。資産のグルーピングは，他の資産または資産グループのキャッシュ・フローからおおむね独立したキャッシュ・フローを生み出す最小の単位で行う（減損会計基準二 6(1)）。

　資産のグルーピングは管理会計上の区分や投資の意思決定を行う際の単位等を考慮して定めるが，具体的には次のような点に留意してグルーピングを行う。

> ・収支は必ずしも企業の外部との間で直接的にキャッシュ・フローが生じている必要はない。たとえば，内部振替価額や共通費の配賦額であっても，合理的なものであれば含まれる（減損適用指針7項(1)①）。
> ・グルーピングの単位を決定する基礎から生ずるキャッシュ・イン・フローが，製品やサービスの性質，市場などの類似性等によって，他の単位から生ずるキャッシュ・イン・フローに大きな影響を及ぼすと考えられる場合には，当該他の単位とグルーピングを行う（減損適用指針7項(2)）。

　資産グループの単位の設定は，基本的に経営者の判断にある程度任せられており，一律の方法が規定されているわけではなく，企業の経営実態に合わせて合理的なグルーピングの方法を，継続的に収支の把握がなされている単位を基

礎として，①予算や業績評価の単位と②キャッシュ・イン・フローが相互補完的かどうかを考慮して決定することになる。

　なお，PPA により認識された資産は上記のグルーピングの方法によるが，のれんは単独では回収可能額を算定できない資産であるため，他の資産グループにかかわらせて，減損会計を適用する必要がある。のれんについては，「8　のれんの減損処理」で解説する。

5　減損の兆候

　減損の兆候とは，資産または資産グループに減損が生じている可能性を示す事象のことで，個々の企業によって何を減損の兆候と捉えるかは異なる。企業は，通常の企業活動において実務的に入手可能なタイミングにおいて利用可能な情報に基づき，減損の兆候がある資産または資産グループを識別しなければならない（減損適用指針11項）。減損の兆候として減損会計基準では次の4つの事象が例示されている（減損会計基準二1）が，これに限らない。

- 資産または資産グループが使用されている営業活動から生ずる損益またはキャッシュ・フローが継続して赤字となっているか，あるいは，継続して赤字となる見込みであること
- 資産または資産グループが使用されている範囲または方法について，当該資産または資産グループの回収可能価額を著しく低下させるような変化が生じたか，あるいは生ずる見込みであること
- 資産または資産グループが使用されている事業に関連して，経営環境が著しく悪化したかまたは悪化する見込みであること
- 資産または資産グループの市場価格が著しく下落したこと

　PPA により認識された資産は，インカム・アプローチにより算定される場合が多い。インカム・アプローチでは，M&A 当初の仮定や予測を反映した事業計画に基づいた将来キャッシュ・フローが使用される。この事業計画の売上高や損益と比較して，実績の売上高や損益が大幅に下方に乖離する場合には，減損の兆候が生じている可能性が高いため，慎重に検討する必要がある。

　また他の評価手法を用いている場合でも，一定の仮定や予測が使用されてい

第6章　減損会計で留意すべき事項　221

るため，M&A 当初の仮定や予測が下方に乖離する場合には，減損の兆候が生じている可能性が高い。したがって，PPA で用いられた仮定や予測をモニタリングすることが，減損の兆候を把握するうえで重要となる。

6　減損損失の認識の判定

　資産または資産グループから得られる割引前将来キャッシュ・フローの総額が帳簿価額を下回る場合に，減損損失を認識し，減損損失の測定を行う（減損会計基準二2(1)）。つまり，割引前将来キャッシュ・フローの総額が帳簿価額を上回っている場合には，減損の兆候があっても減損損失は認識しないことになる。

　これは，将来キャッシュ・フローが約定されている場合の金融資産と異なり，成果の不確定な事業用資産の減損の測定は，将来キャッシュ・フローの見積りに大きく依存するため，見積りが主観的にならざるを得ない点を考慮し，減損の存在が相当程度に確実な場合に限って減損損失を認識することが適当であると考えられるためである（固定資産の減損に係る会計基準の設定に関する意見書四2(2)）。

(1)　将来キャッシュ・フローの見積り

　企業は，取締役会等の承認を得た中長期計画の前提となった数値を，経営環境などの企業の外部要因に関する情報や企業が用いている内部の情報（たとえば，予算やその修正資料，業績評価の基礎データ，売上見込みなど）と整合的に修正し，各資産または資産グループの現在の使用状況や合理的な使用計画等を考慮して，将来キャッシュ・フローを見積る必要がある（減損適用指針36項(1)）。

(2)　将来キャッシュ・フローの見積期間

　減損損失を認識するかどうかを判定するために将来キャッシュ・フローを見積る期間は，資産の経済的残存使用年数または資産グループ中の主要な資産の経済的残存使用年数と20年のいずれか短いほうである（減損適用指針37項(1)）。

主要な資産とは，資産のグルーピングを行う際に決定され，資産グループの将来キャッシュ・フロー生成能力にとって最も重要な構成資産であり（減損適用指針22項），事実関係の変化がなければ，翌期以降の会計期間においても当該資産グループの主要資産となる。なお，共用資産やのれんは，原則として主要な資産とはならない。

(3) 将来キャッシュ・フローの見積範囲

将来キャッシュ・フローは，資産または資産グループの継続的使用と使用後の処分によって生ずると見込まれる将来キャッシュ・イン・フローから，継続的使用と使用後の処分のために生ずると見込まれる将来キャッシュ・アウト・フローを控除して見積る。これらの見積りに含められる範囲は，以下のようにする（減損適用指針38項）。

> - 将来キャッシュ・フローの見積りに際しては，資産または資産グループの現在の使用状況および合理的な使用計画等を考慮する。このため，計画されていない将来の設備の増強や事業の再編の結果として生ずる将来キャッシュ・フローは見積りに含めない。
> - 資産または資産グループの現在の価値を維持するための合理的な設備投資に関連する将来キャッシュ・フローは見積りに含める。
> - 将来の用途が定まっていない遊休資産については，現在の状況に基づき将来キャッシュ・フローを見積る。
> - 建設仮勘定については，合理的な建設計画や使用計画等を考慮して，完成後に生ずると見込まれる将来キャッシュ・イン・フローから，完成まで，および完成後に生ずると見込まれる将来キャッシュ・アウト・フローを控除して見積る。

また，当該資産または資産グループが将来キャッシュ・フローを生み出すために必要な本社費等の間接的に生ずる支出も，将来キャッシュ・フローの見積りに際し控除するが（減損適用指針121項），利息の支払額および受取額については，通常，固定資産の使用または処分から直接的に生ずる項目ではないことから，将来キャッシュ・フローの見積りには含めない（減損適用指針122項，123項）ことに留意する。

第6章　減損会計で留意すべき事項　223

(4)　減損損失の認識の判定

　減損の兆候がある資産または資産グループについて，減損損失を認識するかどうかの判定は，資産または資産グループから得られる割引前将来キャッシュ・フローの総額と帳簿価額を比較することによって行い，資産または資産グループから得られる割引前将来キャッシュ・フローの総額が帳簿価額を下回る場合には，減損損失を認識し（減損会計基準二2(1)），減損損失の測定に手続を進めることになる。

設例6-1　　減損損失の認識の判定

　前提条件
　　• X社の保有する主要な資産A（帳簿価額100,000）に減損の兆候が生じている。
　　• 資産Aの経済的残存使用年数は5年である。
　　• 5年経過時点の資産Aの正味売却価額は15,000とする。
　今後5年間の割引前将来キャッシュ・フローが以下のとおり見積られたとする。この場合，資産グループの固定資産の帳簿価額が5年間における割引前将来キャッシュ・フローの総額77,500を上回っているため，減損損失を認識すべきと判定することになる。

	X1年	X2年	X3年	X4年	X5年	X5年 経過時点
営業利益	10,000	10,000	10,000	10,000	10,000	
減価償却費	3,000	3,000	3,000	3,000	3,000	
設備投資		△1,000		△1,500		
正味売却価額						15,000
将来キャッシュ・ フロー	13,000	12,000	13,000	11,500	13,000	
累計将来キャッシュ・フロー	13,000	25,000	38,000	49,500	62,500	77,500

(5) 共用資産の取扱い

　共用資産とは，複数の資産または資産グループの将来キャッシュ・フローの生成に寄与する資産をいい（減損会計基準（注1）5），本社の建物や試験研究施設などの全社的に貢献している資産と特定の複数の資産または資産グループに貢献している福利厚生施設や開発，動力，修繕，運搬等を行う設備などがある。

　PPAにより認識された無形資産についても，例えばブランドなど，その利用方法に応じて資産グループの構成資産ではなく共用資産と判断する場合がある。

　共用資産の減損損失の認識の判定および測定方法には，①共用資産を含むより大きな単位でグルーピングを行う方法と②共用資産の帳簿価額を関連する各資産または資産グループに合理的な方法で配分する方法とがあるが，一般的に共用資産の帳簿価額を合理的な基準で配分することは困難であると考えられているため，①の方法が原則的な方法とされている。①の方法では，共用資産自体に減損の兆候がある場合および共用資産が関連する資産または資産グループに減損の兆候がある場合には，共用資産が関連する複数の資産または資産グループに共用資産を含むより大きな単位で減損損失の認識の判定を行う必要がある。すなわち，個別の資産または資産グループごとに減損損失を認識するかどうかの判定を行った後に，共用資産を含むより大きな単位について減損損失を認識するかどうかを判定する必要があり，具体的には，共用資産を含まない各資産または資産グループにおいて算定された減損損失控除前の帳簿価額に共用資産の帳簿価額を加えた金額と，割引前将来キャッシュ・フローの総額とを比較し，割引将来キャッシュ・フローの総額が帳簿価額の合計を下回る場合には減損損失を認識することになる。

　原則的な方法における減損損失の測定は，共用資産を含まない個別の資産または資産グループにおいて算定された減損損失控除前の帳簿価額に共用資産の帳簿価額を加えた帳簿価額の合計と，より大きな単位の回収可能価額との差額

を減損損失として帳簿価額を減額することになる。共用資産が関連する個別の資産または資産グループにおいて測定されている減損損失を，共用資産を含むより大きな単位で測定された減損損失が上回る場合に，その減損損失の増加額はまず共用資産に配分され，共用資産の帳簿価額と正味売却価額との差額を超える減損損失は，共用資産が関連する資産または資産グループへ合理的な基準により配分される。

7　減損損失の測定

　減損損失を認識すべきであると判定された資産または資産グループについては，帳簿価額を回収可能価額まで減額し，当該減少額を減損損失として当期の損失とする（減損会計基準二3）。

(1)　回収可能価額の計算方法

　回収可能価額とは，資産または資産グループの正味売却価額と使用価値のいずれか高いほうの金額をいう。通常，使用価値は正味売却価額より高いと考えられるため，減損損失の測定において，明らかに正味売却価額が高いと想定される場合や処分がすぐに予定されている場合などを除き，必ずしも現在の正味売却価額を算定する必要はない（減損適用指針28項）。したがって，使用価値のほうが正味売却価額より高いことが判明している場合には，回収可能価額は使用価値となるため，使用価値の算定を行えばよいことになる。

(2)　正味売却価額

　正味売却価額とは，資産または資産グループの時価から処分費用見込額を控除して算定される金額である（減損適用指針28項，減損会計基準注解（注1））。時価とは，原則として，市場価格に基づく価額であるが，市場価格が観察できない場合には，合理的な見積りに基づき算定された価額とされ，以下のような方法で算定される（減損適用指針28項(1)）。

> - 不動産については，「不動産鑑定評価基準」（国土交通省）に基づいて算定する。自社における合理的な見積りが困難な場合には，不動産鑑定士から鑑定評価額を入手して，それを合理的に算定された価額とすることができる。
> - その他の固定資産については，コスト・アプローチやマーケット・アプローチ，インカム・アプローチによる見積方法が考えられるが，資産の特性等によりこれらのアプローチを併用または選択して算定する（減損適用指針109項）。

コスト・アプローチは，同等の資産を取得するのに要するコスト（再調達原価）をもって評価する方法である。マーケット・アプローチは，同等の資産が市場で実際に取引される価格をもって評価する方法である。インカム・アプローチは，同等の資産を利用して将来において期待される収益をもって評価する方法で，具体的には，直接還元法や割引キャッシュ・フロー（DCF）法などがある。

(3) 使用価値

使用価値は，資産または資産グループの継続的使用と使用後の処分によって生ずると見込まれる将来キャッシュ・フローの現在価値である（減損会計基準注解（注1））。使用後の処分によって生ずると見込まれる将来キャッシュ・フローとは将来時点の時価から処分費用見込額を控除した正味売却価額である（減損適用指針31項）。

(4) 割引率

① 割引率の決定方法

減損処理とは，資産の収益性の低下により投資額の回収が見込めなくなった場合に，一定の条件の下で回収可能性を反映させるように帳簿価額を減額する会計処理であるため，使用価値を算定する場合には，現在から将来にわたる回収可能性を反映することとなる。このため，使用価値の算定は，今後生ずると見込まれる将来キャッシュ・フローを，現在時点の割引率を用いて割り引いた現在価値とする（減損適用指針124項）。資産または資産グループの使用価値の

算定に際しては，将来キャッシュ・フローがその見積値から乖離するリスクを反映させる必要があり，(a)将来キャッシュ・フローの見積りに反映させる方法と，(b)割引率に反映させる2つの方法がある（減損会計基準注解（注6））。(a)を採用した場合には，割引率は貨幣の時間価値だけを反映した無リスクの割引率となり，(b)を採用した場合には，貨幣の時間価値と将来キャッシュ・フローがその見積値から乖離するリスクの両方を反映した割引率となる。

② 割引率の例示

　資産または資産グループに係る将来キャッシュ・フローがその見積値から乖離するリスクについて，将来キャッシュ・フローの見積りに反映されていない場合の使用価値算定に用いられる割引率としては以下のもの，またはこれらを総合的に勘案したものとなる（減損適用指針45項）。

- 当該企業における当該資産または資産グループに固有のリスクを反映した収益率
- 当該企業に要求される資本コスト
- 当該資産または資産グループに類似した資産または資産グループに固有のリスクを反映した市場平均と考えられる合理的な収益率
- 当該資産または資産グループのみを裏付け（いわゆるノンリコース）として大部分の資金調達を行ったときに適用されると合理的に見積られる利率

(5) 開　示

① 貸借対照表における表示

　減損処理を行った資産の貸借対照表における表示は，以下のように行う（減損適用指針57項）。

- (i) 原則として，減損処理前の取得原価から減損損失を直接控除し，控除後の金額をその後の取得原価とする形式（直接控除形式）で表示する。
- (ii) ただし，減価償却を行う有形固定資産については，当該資産に対する減損損失累計額を，取得原価から間接控除する形式（間接控除形式）で表示することもできる。

(iii) (ii)の場合，減損損失累計額を減価償却累計額に合算して表示することができる。

　減損処理を行った資産の貸借対照表における表示形式は，たとえば，減価償却累計額については各資産科目に対する控除項目として掲記する（間接控除形式）が，減損損失については直接控除形式をとるなど，減価償却累計額の表示形式と同じものである必要はない（減損適用指針139項参照）。ただし，上記(ii)および(iii)は有形固定資産に関する定めであるため，のれんについては直接控除形式をとることになる。

② 損益計算書の注記

　重要な減損損失を認識した場合には，損益計算書（特別損失）にかかる注記事項として，以下の項目を注記する（減損適用指針58項）。

(i) 減損損失を認識した資産または資産グループについては，その用途，種類，場所などの概要
(ii) 減損損失の認識に至った経緯
(iii) 減損損失の金額については，特別損失に計上した金額と主な固定資産の種類ごとの減損損失の内訳
(iv) 資産グループについて減損損失を認識した場合には，当該資産グループの概要と資産をグルーピングした方法
(v) 回収可能価額が正味売却価額の場合には，その旨および時価の算定方法，回収可能価額が使用価値の場合にはその旨および割引率

　上記の注記事項は，資産グループごとに記載する。ただし，多数の資産グループにおいて重要な減損損失が発生している場合には，資産の用途や場所等に基づいて，まとめて記載することができる（減損適用指針59項）。

8　のれんの減損処理

(1)　のれんに特有の減損の兆候

　のれんの減損の兆候は，原則，他の資産と同様であるが，企業結合年度にお

第6章　減損会計で留意すべき事項　229

いても減損の兆候が存在すると判定される場合がある（企業結合会計基準109項）。

- 取得原価のうち，のれんやのれん以外の無形資産に配分された金額が相対的に多額になる場合
- 被取得企業の時価総額を超えて多額のプレミアムが支払われた場合や，取得時に明らかに識別可能なオークションまたは入札プロセスが存在していた場合

　このようなケースでは，企業結合年度においても減損している可能性があることから慎重に対応する必要がある。

(2)　のれんの分割

　のれんは減損会計基準の適用対象資産となっており，M&A において識別されたのれんの源泉に関する事実関係が変化し，その超過収益力が低下するような事態が生じている場合には，減損損失の認識の判定を行う必要がある。

　M&Aによっては，複数の事業をまとめて被取得企業から取得するケースも想定される。のれんは差額概念として計算されるため，このようなケースでは，複数の事業に係るのれんが一体として認識される。そのため，のれんを認識した取引において取得された事業の単位が複数である場合には，減損の兆候の判定に入る前に，のれんの帳簿価額を各々の事業に合理的な基準に基づき分割し，各事業についてのれんの配分後の帳簿価額を計算する手続が必要である。

　のれんの帳簿価額を分割し帰属させる事業の単位は，取得の対価がおおむね独立して決定され，かつ，取得後も内部管理上独立した業績報告が行われる単位とする必要がある（減損適用指針51項）。ここでいう事業の単位とは実務上，減損会計基準の適用の際の資産グループより大きく，開示セグメントの基礎となる事業区分と同じ，もしくは事業区分より小さくなると考えられる。また，のれんの帳簿価額の分割は，のれんが認識された取引において取得された事業の取得時における時価の比率に基づいて行う方法，その他合理的な方法による必要がある（減損適用指針51項）。

(3) のれんに減損の兆候がある場合

のれんは、それ自体で独立したキャッシュ・フローを生み出さないことから、のれんのみを単独で減損テストの対象とすることはできない。したがって、分割されたそれぞれののれんに減損の兆候がある場合に、減損損失を認識するかどうかの判定は、原則としてのれんが帰属する事業に関連する複数の資産グループにのれんを加えた、より大きな単位で行う（原則）（減損適用指針52項）。

なお、共用資産と同様に、のれんの帳簿価額を関連する資産グループに合理的な基準で配分することができる場合には、のれんの帳簿価額を各資産グループに配分したうえで減損損失を認識するかどうか判定する方法も容認されている（減損会計基準二8）。

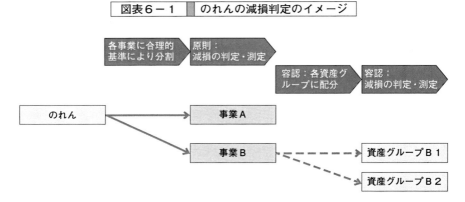

図表6−1　のれんの減損判定のイメージ

のれんを含む、より大きな単位について減損損失を認識するかどうかを判定するに際しては、のれんを含まない各資産グループにおいて算定された減損損失控除前の帳簿価額にのれんの帳簿価額を加えた金額と、割引前将来キャッシュ・フローの総額とを比較し、帳簿価額の合計が割引前将来キャッシュ・フローの総額を上回っている場合に、減損損失を測定することになる。

第6章　減損会計で留意すべき事項　231

| 設例6－2 | のれんの残存償却期間と主要資産の使用可能期間が異なる場合のキャッシュ・フローの見積期間 |

前提条件

- A社は前期に取得した子会社で，単一セグメントの事業を行っている。
- A社ののれんの残存償却年数は4年，事業用固定資産の残存使用期間は8年である。
- B社は前々期に取得した子会社で，A社と異なる単一セグメントの事業を行っている。
- B社の事業用固定資産の残存使用期間は4年で，のれんの残存償却期間は8年である。
- A社およびB社の連結上ののれんについては，事業用固定資産にのれんを加えた金額で減損の判定を行う予定である。

A社とB社の連結上ののれんについて，将来キャッシュ・フローを見積る期間は事業用固定資産の残存使用期間とのれんの残存償却年数のいずれになるか。

キャッシュ・フローの見積期間

この場合，事業用固定資産にのれんを加算した金額で減損判定を行うとしても，あくまで，のれんの減損判定のための計算であるため，のれんの残存償却期間でキャッシュ・フローを見積ることが必要である（減損適用指針37項(4)）。したがって，連結上のA社ののれんの残存償却期間は事業用固定資産の残存使用期間より短いため，のれんの償却終了時点における事業用固定資産の正味売却価額がキャッシュ・フローの見積りに含まれることになる。のれんの減損判定のための将来キャッシュ・フローの見積りは，のれんの残存償却期間で行い，その期間に合わせて事業用固定資産のキャッシュ・フローを見積りに含めることになる。

また，連結上のB社ののれんの残存償却期間よりも，事業用固定資産の

残存使用可能期間のほうが短いため，当該事業用資産の更新に係るキャッシュ・アウト・フローがキャッシュ・フローの見積りに含まれることになる。

(4) のれんに係る減損損失の配分

のれんを加えることによって算定される減損損失の増加額が生じた場合には，当該判定単位の超過収益力がもはや失われていると考えられるため，当該減損損失の増加額は，のれんに配分する。ただし，のれんに配分された減損損失が，のれんの帳簿価額を超過する場合には，当該超過額を各資産グループに合理的な基準により配分することとなる（減損適用指針132項）。

設例6-3 のれんの減損処理

前提条件
- のれんを認識した取引において事業Xと事業Yが取得されており，のれんの帳簿価額は200，のれんが認識された時点の事業X，事業Yの時価は，それぞれ450，675であった。事業Xと事業Yは内部管理上独立した業績報告が行われている。
- 事業Xに属する資産グループA，B，Cの帳簿価額は，それぞれ100，200，120であった。
- 事業Xに属する資産グループA，B，Cに減損の兆候があり，これらの割引前将来キャッシュ・フローは，それぞれ130，180，100であった。事業Xに属するのれんを含む，より大きな単位での割引前将来キャッシュ・フローは410であった。
- 事業Xに属する資産グループA，B，Cの回収可能価額は，それぞれ120，150，90，事業Xに属するのれんを含む，より大きな単位での回収可能価額は360であった。

第6章　減損会計で留意すべき事項　233

のれんの帳簿価額の分割

　のれんの帳簿価額をのれんが認識された時点の事業X，事業Yの時価の比率で分割し，事業Xに分割されるのれんの帳簿価額は80，事業Yに分割されるのれんの帳簿価額は120となる。事業Xに配分されたのれんに減損の兆候があった。

	事業X	事業Y	合計
時価	450	675	1,125
のれんの帳簿価額	80	120	200

事業Xに属する資産グループごとの減損損失の認識の判定および測定

　資産グループAの割引前将来キャッシュ・フローは，その帳簿価額を上回るため，減損損失は認識されない。資産グループBとCの割引前将来キャッシュ・フローは，その帳簿価額を下回っているため，減損損失を認識すべきであると判定される。このため，資産グループB，Cのそれぞれの帳簿価額200，120を回収可能価額150，90まで減額し，減損損失50，30を当期の損失とする。

事業Xに属する資産グループごとの減損損失の認識の判定および測定						
	A	B	C	小計	のれん	のれんを含む，より大きな単位での資産グループ合計
(1)帳簿価額	100	200	120	420	80	500
(2)割引前将来キャッシュ・フロー	130	180	100	410		
(3)減損損失の認識	しない	する	する			
(4)回収可能価額	120	150	90	360		
(5)減損損失	N/A	△50	△30	△80		
(6)資産グループごとの減損処理後簿価	100	150	90	340	80	420

のれんを含む，より大きな単位での減損損失の認識の判定および測定

事業Xに属するのれんを含む，より大きな単位にも減損の兆候があるため，当該単位での割引前将来キャッシュ・フロー410と減損損失控除前の帳簿価額にのれんの帳簿価額を加えた金額500を比較し，減損損失を認識するかどうかを判定する。この結果，当該割引前将来キャッシュ・フローは，それらの帳簿価額の合計金額を下回っているため，減損損失を認識すべきであると判定され，それらの回収可能価額360まで減額する。この際，減損損失140のうち，資産グループB，Cに係る減損損失80を控除した減損損失の増加額60は，原則としてのれんに配分する。

事業Xに属するのれんを含む，より大きな単位での 減損損失の認識の判定および測定						
	A	B	C	小計	のれん	のれんを含む，より大きな単位での資産グループ合計
(1)帳簿価額	100	200	120	420	80	500
(2)割引前将来キャッシュ・フロー						410
(3)減損損失の認識						する
(4)回収可能価額						360
(5)減損損失						△140
(6)のれんを加えることによる減損損失増加額						△60
(7)資産グループごとの減損処理後の帳簿価額	100	150	90	340	80	420
(8)のれんに係る減損損失					△60	△60
(9)減損処理後の帳簿価額	100	150	90	340	20	360

9 国際財務報告基準との対比

　日本基準と国際財務報告基準にはともに減損処理に関する会計基準が存在しているが，そのコンセプトの違いから相違点が存在する。

　日本基準は，帳簿価額が価値を過大に表示したまま将来に損失を繰り延べているのではないかという疑念から，取得原価基準のもとで行われる帳簿価額の臨時的な減額を行うという主旨のもとで設定された（固定資産の減損に係る会計基準の設定に関する意見書三1）。国際財務報告基準では，減損の目的を，資産に回収可能価額を超える帳簿価額を付さないことを確保するためとしている（IAS36.1）。

　日本基準では減損の存在が相当程度に確実な場合に限って減損損失を認識することが適当であるとされていることから，減損の兆候の検討，減損損失の認識および測定のプロセス，減損損失の戻入れに関して国際財務報告基準と差異が生じている。また，国際財務報告基準では非償却の無形資産（のれん等）が規定されているため，これら資産の減損テストのタイミングについては相違点が存在する。

① 減損の兆候の検討

　日本基準および国際財務報告基準ともに減損の兆候の検討を行う点で類似しており，例示を列挙している点も類似している。しかし，国際財務報告基準では，市場金利等の上昇が使用価値の算定に用いられる割引率に影響して資産の回収可能価額を著しく減少させると見込まれるような場合（IAS36.12 (c)）も減損の兆候と判断され，日本基準より広い意味合いを有する状況証拠が示されている。他に日本基準にはない例示として，企業の純資産の帳簿価額がその企業の株式の市場価値を超過している場合も，減損の兆候として示されている（IAS36.12 (d)）。

　また，日本基準は国際財務報告基準と違い，より具体的な数値基準が減損の兆候の目安として提示されている。たとえば，日本基準では営業活動から生ず

る損益またはキャッシュ・フローが「継続してマイナス」の場合は減損の兆候とされるが，「継続してマイナス」の期間については，おおむね過去2期とされている（減損適用指針12項(2)）。また，資産または資産グループの市場価格が「著しく下落した」場合も減損の兆候とされるが，「著しく下落した」とは，少なくとも市場価格が帳簿価額から50％程度以上下落した場合とされている（減損適用指針15項）。

ただし，これらはあくまでも例示であり，減損の兆候の検討は実態にあわせて慎重に行う必要がある。

②　減損損失の認識および測定プロセス

国際財務報告基準では，減損損失の認識と測定は，回収可能価額が帳簿価額を下回っている場合，という1ステップで行われる（IAS36.59）。

これに対して，日本基準ではまず認識の判定において，資産または資産グループから得られる割引前将来キャッシュ・フローの総額が帳簿価額を下回る場合にのみ減損損失が認識され（減損会計基準二2(1)），次に，減損損失の測定においては，帳簿価額を回収可能価額まで減額するという2ステップで行う（減損会計基準二3）。これは日本基準が減損の存在が相当程度に確実な場合に限って減損損失を認識するというコンセプトのもと，割引前の将来キャッシュ・フローの総額が帳簿価額を下回るときには減損の存在が相当程度に確実であるとしたためである（固定資産の減損に係る会計基準の設定に関する意見書四2．(2)①）。

結果として，当プロセスの違いから国際財務報告基準のほうが日本基準よりも早期に減損損失が計上されることとなる。

③　減損損失の戻入れ

国際財務報告基準では，各報告期間の末日ごとに，のれん以外の過年度に減損した資産について，減損損失がもはや存在しないかまたは減少している可能性を示す兆候があるかどうかを検討し，戻入れが必要な場合には，減損がなか

第6章　減損会計で留意すべき事項　237

った場合の帳簿価額を上限として減損損失を戻し入れる。

　これに対して，日本基準では減損損失の戻入れについては禁止されている。これは，上述のように減損の存在が相当程度確実な場合に限って減損損失を認識および測定することとしていること，また，戻入れは事務的負担を増大させる恐れがあることなどから，減損損失の戻入れは行わないこととされたためである（固定資産の減損に係る会計基準の設定に関する意見書 四３．(2)）。

④　のれんの取扱い

(i)　償却と減損

　国際財務報告基準では，のれんおよび耐用年数を確定できない無形資産は規則的な償却を行わない代わりに，最低毎年一度，減損の兆候の有無にかかわらず減損テストを行う。

　これに対して，日本基準では，のれんは20年以内のその効果が及ぶ期間にわたって規則的に償却を行い，減損の兆候がある場合には，別途，減損テストが実施される。

(ii)　のれんの配分

　国際財務報告基準では，企業結合により取得したのれんは資金生成単位または資金生成単位グループに配分され，配分された資金生成単位に対してのれんの減損テストが行われる。

　これに対して，日本基準では，のれんの減損テストは，のれんが帰属する事業に関連する複数の資産グループにのれんを加えた，より大きな単位で行うことが原則とされている（減損会計基準二８）。しかし，のれんの帳簿価額を帰属する事業に関連する資産グループに合理的な基準で配分することができる場合には，国際財務報告基準と同様の処理が認められている。したがって，場合によっては差異が生じないこととなる。

第7章

事例分析

1 調査の対象

PPA により認識される無形資産は，おおむね次の種類に分類される。

- マーケティング関連の無形資産
- 顧客関連の無形資産
- 芸術関連の無形資産
- 契約関連の無形資産
- 技術関連の無形資産

ここでは，無形資産の種類別・産業別に償却期間および計上額の分析を行うとともに，実際に認識された無形資産の事例を紹介する。なお，本調査は平成21年4月1日から平成27年12月31日までの期間において，我が国において一般に公正妥当と認められる企業会計の基準（J-GAAP）に準拠して作成された有価証券報告書を対象としており，175社（405件）の取引事例を対象とした。

第7章 事例分析 239

図表7－1		業種別の調査対象件数	
業種	対象	業種	対象
ガラス・土石製品	3社（6件）	証券，商品先物取引業	3社（11件）
ゴム製品	4社（9件）	情報・通信業	16社（33件）
サービス業	20社（50件）	食料品	15社（31件）
その他金融業	1社（3件）	精密機器	7社（14件）
その他製品	6社（14件）	繊維製品	3社（7件）
パルプ・紙	1社（1件）	鉄鋼	1社（2件）
医薬品	7社（16件）	電気機器	14社（34件）
卸売業	11社（20件）	非鉄金属	2社（4件）
化学	17社（56件）	不動産業	4社（9件）
機械	17社（36件）	保険業	2社（2件）
金属製品	4社（9件）	輸送用機器	4社（12件）
銀行業	3社（6件）	陸運業	1社（6件）
小売業	9社（14件）	合計	175社（405件）

2　無形資産の償却期間と計上科目の分析

(1)　無形資産の償却期間分析

　償却期間の分析にあたり，のれんと分離して認識された無形資産について前述した種類別に分類した。「無形資産」や「その他」のように，分類が不可能な開示事例については，"その他"とし，調査時点で無形資産への配分がされていない開示事例や重要性の観点から配分を開示していない事例については"N/A"とした。また，認識された無形資産の償却期間については，図表7－2のとおりに5年ごとの期間に分類した。

　分類の結果，芸術関連の無形資産として著作権等が識別された事例が3件存在したが，全体に占める件数が少ないため，分類上は契約関連の無形資産に含めて償却期間を表示している。なお，芸術関連の無形資産に関する事例については後述する「4(3)契約関連の無形資産」を参照されたい。

| 図表7-2 | | | | 償却期間の分布 | | | |

償却期間	マーケティング関連	顧客関連	契約関連	技術関連	その他	N/A	合計
1-5年	15件	13件	1件	12件	9件	0件	50件
6-10年	11件	46件	2件	26件	8件	0件	93件
11-15年	13件	25件	4件	17件	4件	0件	63件
16-20年	23件	24件	4件	13件	1件	0件	65件
21-25年	2件	6件	0件	1件	1件	0件	10件
26-30年	1件	3件	1件	1件	0件	0件	6件
31年-	0件	0件	4件	0件	0件	0件	4件
利用可能期間	3件	3件	0件	11件	5件	0件	22件
非償却	12件	1件	0件	0件	1件	0件	14件
N/A	1件	1件	0件	3件	16件	57件	78件
合計	81件	122件	16件	84件	45件	57件	405件

　今回の調査により認識した無形資産の償却期間について，20年以内の償却期間以内となる事例が271件（82.9%）となる一方で，非償却としている事例が14件（4.3%）存在した。非償却無形資産の事例については，「商標権」や「商号等」，「商標関連資産」として認識したマーケティング関連の無形資産が該当した。また，償却期間がN/Aとされた事例については，決算日直前に企業を取得したため，開示時点で取得原価の配分手続が完了していないケースが見受けられた。

　PPAは，企業結合日後1年以内に行わなければならないとされており，また，「企業結合日以後の決算において，配分が完了していなかった場合は，その時点で入手可能な合理的な情報に基づき暫定的な会計処理を行い，その後追加的に入手した情報等に基づき配分額を確定させる」（企業結合会計基準（注6））とされているため，調査対象期間の後半に取得した事例には，取得原価の配分や償却期間の設定がされていないケースが多い。

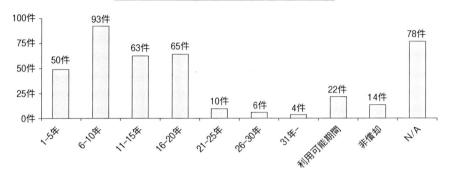

図表7-3 償却期間の分布―全体―

(2) PPAにより認識された無形資産の種類と計上科目の事例

　無形資産を認識した際に開示される勘定科目の記載は，各社により相違するが，特に記載が多く見受けられた事例を図表7-4に示した。

図表7-4　PPAにより認識された無形資産の計上事例

マーケティング関連		技術関連	
商標権	52件	技術関連資産	40件
商標関連資産	15件	仕掛研究開発	11件
マーケティング関連資産	4件	特許権	9件
非競合契約	2件	ソフトウェア	7件
ブランド	1件	技術	3件
その他	7件	その他	14件
顧客関連		契約関連	
顧客関連資産	104件	契約関連資産	4件
顧客リスト	6件	土地使用権	4件
顧客基盤	4件	営業権	3件
受注残	3件	既存契約	1件
カスタマーリレーションシップ	2件	著作権および商標権	1件
その他	3件	その他	3件

具体的な名称を付与して無形資産として開示する事例は，契約関連の無形資産に多く見受けられた。

勘定科目の設定においては，無形資産として認識する対象の金額的な重要性にもよるが，「〇〇関連資産」として勘定科目を設定する事例が多い点が特徴的である。なお，図表7－4では，「〇〇関連資産」や「〇〇関連無形資産」のような開示例の件数は合算して表示している。

3 無形資産の計上額に関する分析

(1) 取得価額に対する比率

無形資産が認識された405件のうち，取得原価の配分がされていない57件を除く348件を対象に，無形資産の計上額に関する分析を行った。分析は，個々の無形資産に対し，取得価額に占める割合を算出するとともに，無形資産の種類別と業種別の2つの切り口からの傾向を把握することとした。

図表7－5は，個々の無形資産計上額の取得価額に占める割合を示している。取得価額のうちの何割が無形資産に配分されるかについては，個々の案件ごとの事情により相違するものであるが，全体のうち18件（5.2%）の事例が取得価額より大きな金額として認識されている。

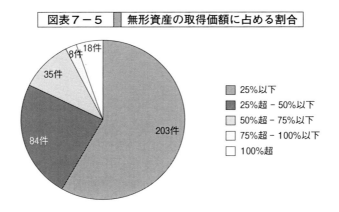

図表7－5　無形資産の取得価額に占める割合

取得価額を超過して認識された無形資産について，その構成を図表7－6に示した。主に技術関連の無形資産（8件）と契約関連の無形資産（5件）から構成され，技術関連は医薬品や化学，機械等の業種で認識されており，仕掛研究開発や特許権が計上されている。契約関連の無形資産は卸売業や小売業の業種で認識されており，営業権や著作権が計上されている。

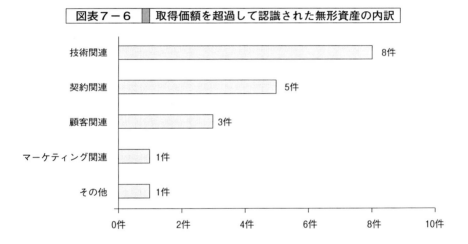

　無形資産の計上額について，無形資産の種類別の構成割合については，図表7－7に示したとおり，マーケティング関連の無形資産で取得価額に占める割合が少なく，一方で契約関連の無形資産で取得価額に占める割合が大きな結果となった。
　業種別に取得価額の配分事例をみると，図表7－8のとおり，保険業，陸運業，医薬品，情報通信業の産業で無形資産に取得価額の50％超が配分された事例が多く存在した。一方で，非鉄金属，鉄鋼，繊維製品の産業では，個々の無形資産への配分額が少ない結果となった。

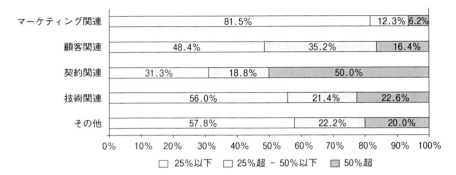

図表7-7　無形資産の取得価額に占める割合―資産種類別―

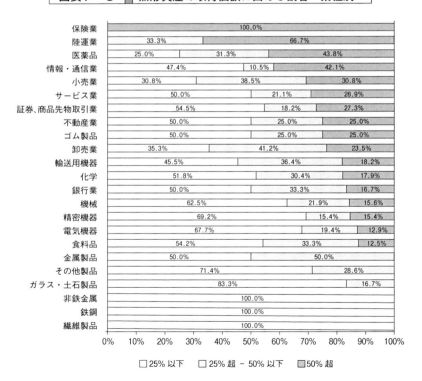

図表7-8　無形資産の取得価額に占める割合―業種別―

(2) 総資産に対する比率

無形資産について，取得事例ごとに，取得日が属する会計期間末の総資産に対する比率を分析した結果を図表7－9に示している。分析にあたり，取得事例ごとの無形資産計上額を集約したところ，取得事例の件数は合計で348件となり，そのうち325件（93.4％）の事例が総資産の5％以内の規模であり，それ以外の23件（6.6％）の事例が総資産の5％を超過していた。

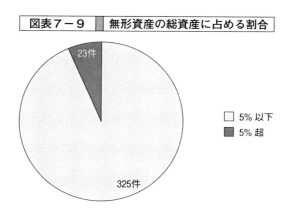

総資産の5％を超過して認識された無形資産について，図表7－10では無形資産の種類別に，また，図表7－11では業種別に内訳を記載している。無形資産の種類別には，顧客関連無形資産やマーケティング関連無形資産が多く認識されており，海外市場の拡大を目的としたM&Aにより顧客関連無形資産とマーケティング関連無形資産が同時に計上される事例が目立つ。業種別には，医薬品業界の件数が最も多く，かつ認識された無形資産の規模が相対的に大きい点が特徴的である。

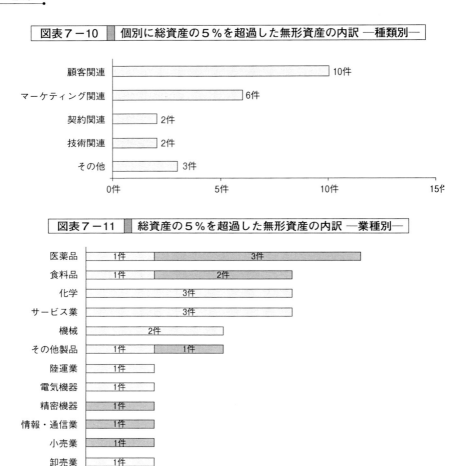

4 資産種類別の事例分析

(1) マーケティング関連の無形資産

　マーケティング関連の無形資産として計上された資産としては,「商標権」

や「商号」,「ブランド」,「非競合契約」などが該当した。これらの償却期間の大半は20年以内の期間に設定されているが,非償却の事例が相対的に多い点が特徴的である。

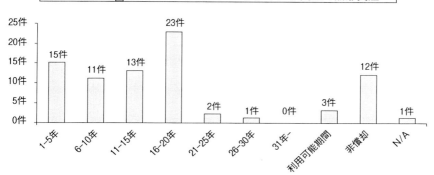

図表7-12　償却期間の分布—マーケティング関連の無形資産—

非償却の無形資産は「商標権」や「商号」であり,これらの評価にはインカム・アプローチの一手法であるロイヤリティ免除法が適用される事例が多い。商号の評価期間を①法的な権利保護期間（＝永続的）と考えるか,②利用可能期間（経済的耐用年数）と考えるかにより評価額が相違し,また償却期間が異なってくる。非償却とされたものは,前者①の考えに基づいていると考えられる。

業界別にみると,化学,機械,食料品の業界で計上された事例が多く,また,そのほとんどの事例において顧客関連の無形資産とともに計上されている。これは,M&Aの目的の多くが,海外における事業基盤拡大や製品ライン拡大などといった,市場の浸透を目的とする買収事例が多く,販路拡大に伴い顧客関連の無形資産が同時に認識されるためと考えられる。

マーケティング関連の無形資産のうち,非償却とされた事例としては,サントリー食品インターナショナル株式会社による英国グラクソ・スミスクライン社（GlaxoSmithKline plc 以下,「GSK社」）の飲料事業買収が該当した。本件

により，サントリー食品インターナショナル株式会社は『Lucozade（ルコゼード）』，『Ribena（ライビーナ）』の2飲料ブランドの全世界での販売権，およびその事業基盤を GSK 社から引き継ぐこととなった。本件の取得原価は220,098百万円とされており，そのうちの178,104百万円（取得原価の80.9%）が商標権として配分され，同時に顧客関連資産として10,773百万円（同4.9%）が配分されている。一方で，のれんの計上額は9,481百万円（同4.3%）と無形資産に比べて少ない金額となっている。

サントリー食品インターナショナル株式会社　［平成25年12月期］		
・英国グラクソ・スミスクライン社の取得事例		
取得原価	220,098百万円	
のれん	9,481百万円	（償却期間 20年）
商標権	178,104百万円	（償却期間 非償却）
顧客関連資産	10,773百万円	（償却期間 24年）

（出所：サントリー食品インターナショナル株式会社 平成25年12月期有価証券報告書より）

　マーケティング関連の無形資産として，「非競合契約」が認識された事例としては，マネックスグループ株式会社の平成24年3月期の開示事例が該当した。本件は，金融商品取引業を営む米国子会社を通じ，IBFX Holdings, LLC およびその子会社（以下，「IBFX グループ」という）を取得した事例である。IBFX グループの事業は外国為替証拠金取引業であり，IBFX グループが有するFX 取引システム，顧客基盤・取引高，米国・豪州の FX 取引事業拠点の取得が本件の取得目的とされ，同社に対する取得価額は1,295百万円となった。マーケティング関連の無形資産として非競合契約が23百万円（取得原価の1.8%）計上されている。

```
マネックスグループ株式会社　［平成24年3月期］
・IBFX Holdings, LLCおよびその子会社の取得事例
    取得原価        1,295百万円
    のれん          138百万円（償却期間  5年）
    技術関連資産    732百万円（償却期間  5年）
    商標権           73百万円（償却期間 10年）
    非競合契約       23百万円（償却期間  2年）
```

（出所：マネックスグループ株式会社 平成24年3月期有価証券報告書より）

(2) 顧客関連の無形資産

　顧客関連の無形資産として計上された資産としては，「顧客リスト」や「顧客との関係」，「顧客基盤」などのほか，「受注残」や「顧客関連資産（請負工事」のように被取得企業と顧客との契約を無形資産として認識する事例が該当した。

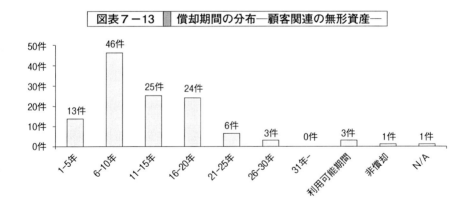

図表7-13　償却期間の分布—顧客関連の無形資産—

　顧客関連の無形資産の評価にあたっては，第2章で説明したとおり多期間超過収益法（MEEM もしくは MPEEM）による場合が多い。多期間超過収益法では，顧客減少率（もしくは顧客減耗率）に基づき見積りを行うため，対象となる顧客契約の内容により評価期間が相違し，償却期間は個々に設定されるこ

ととなる。

　業種別にみると，マーケティング関連の無形資産と同様に化学，機械，食料品の業界で多く，その他にサービス業で計上された事例が多く存在した。M&Aの目的からも，海外における事業領域の拡大や，関連分野への進出などの事業基盤を拡大する目的により計上されているなど，マーケティング関連の無形資産と同様の理由が目立った。

　「受注残」として認識された無形資産の事例では，エムスリー株式会社による株式会社メディサイエンスプラニングの取得が該当した。本件は，被取得企業である株式会社メディサイエンスプラニングが，医薬品開発業務の受託機関であるため，当該取得により既存の受注案件を識別して無形資産に計上したものと想定される。

エムスリー株式会社　[平成26年３月期]

・株式会社メディサイエンスプラニングの取得事例

取得原価	9,056,437千円
のれん	6,464,955千円（償却期間 20年）
受注残	447,314千円（償却期間 ６年）
カスタマーリレーションシップ	158,504千円（償却期間 15年）

（出所：エムスリー株式会社 平成26年３月期有価証券報告書より）

　株式会社大京による株式会社穴吹工務店とその子会社の取得事例では，顧客との契約のうち，管理受託契約と請負工事契約とに区分し，それぞれに配分が行われている。

株式会社大京　[平成26年３月期]

・株式会社穴吹工務店およびその子会社４社の取得事例

取得原価	30,739百万円
のれん	2,394百万円（償却期間 5-18年）
顧客関連資産（管理受託）	6,565百万円（償却期間 18年）
商標権	317百万円（償却期間 ５年）
顧客関連資産（請負工事）	53百万円（償却期間 １年）

（出所：株式会社大京 平成26年３月期有価証券報告書より）

(3) 契約関連の無形資産

契約関連の無形資産として計上された資産としては、「営業権」や「土地使用権」などが該当した。なお、図表7－14には芸術関連の無形資産として「ゲーム著作権」2件と「著作権および商標権」1件が含まれている。

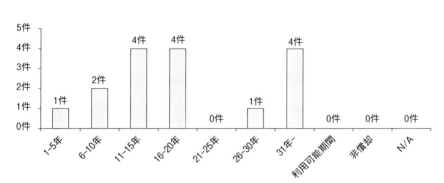

図表7－14　償却期間の分布―契約関連の無形資産―

対象の取得事例をみると、新規事業領域への参入や既存の販売会社等の取得により、被取得企業が有する契約を引き継ぐことで、契約関連の無形資産が認識されるケースが多く、その償却期間は契約形態によりバラつきがあり、また認識した無形資産によって相違する。

図表7－14では、償却期間が30年を超える無形資産が4件認識されているが、これらはともに「土地使用権」として認識された事例であり、主に中国市場への進出を目的としたものである。これらの事例は、土地の所有が禁止されている国において、保有する土地使用権の使用年限を償却期間として設定しているものと考えられる。今回の調査においては、日本山村硝子株式会社、大豊工業株式会社の他2件の事例が該当した。

日本山村硝子株式会社 ［平成26年３月期］
• 秦皇島方圓包装玻璃有限公司の取得事例
  取得原価　　　　3,816百万円
  のれん　　　　　1,788百万円（償却期間 15年）
  顧客関連資産　　 947百万円（償却期間 15年）
  土地使用権　　　 480百万円（償却期間 45年）

大豊工業株式会社 ［平成25年３月期］
• 常州恒業軸瓦材料有限公司の取得事例
  取得原価　　　　 572百万円
  のれん　　　　　 528百万円（償却期間 ５年）
  土地利用権　　　 133百万円（償却期間 44年）

（出所：日本山村硝子株式会社 平成26年３月期有価証券報告書，大豊工業株式会社 平成25年３月期有価証券報告書より）

　契約関連の無形資産のうち，「営業権」として認識された事例としては，株式会社ファミリーマートと株式会社キリン堂の事例の２件が該当した。

　株式会社ファミリーマートの事例では，株式会社エーエム・ピーエム・ジャパン，および株式会社エーエム・ピーエム・関西の取得により，am/pm店舗のファミリーマートブランドへの転換が推進され，被取得企業の有していた営業権が認識された。

株式会社ファミリーマート ［平成22年２月期／平成24年２月期］
• 株式会社エーエム・ピーエム・ジャパンの取得事例
  取得原価　　13,157百万円
  個店営業権　 4,674百万円（償却期間 12年）
• 株式会社エーエム・ピーエム・関西の取得事例
  取得原価　　 1,907百万円
  個店営業権　 2,441百万円（償却期間 12年）

（出所：株式会社ファミリーマート 平成22年２月期有価証券報告書，平成24年２月期有価証券報告書より）

　株式会社キリン堂の事例では，株式会社ソシオンヘルスケアマネージメントの取得により，地域における医療提供施設としての機能強化と小売事業におけ

る調剤部門の強化を図ることが取得の目的とされており，営業権が認識されている。

株式会社キリン堂 ［平成23年2月期］
• 株式会社ソシオンヘルスケアマネージメントの取得事例

	取得原価	633百万円
	のれん	83百万円（償却期間 10年）
	営業権	399百万円（償却期間 10年）

（出所：株式会社キリン堂 平成23年2月期有価証券報告書より）

　芸術関連の無形資産が認識された事例としては，株式会社サンリオによるMister Men Limited. およびその子会社2社の取得事例が該当する。Mister Men Limited. は『MR.MEN AND LITTLE MISS』のライセンス事業を行っており，その100％子会社が当該キャラクターの著作権を有している。かかる取得により，株式会社サンリオのライセンス事業の強化とキャラクター・ポートフォリオの拡大が図られ，無形資産として著作権および商標権が認識されている。

株式会社サンリオ ［平成24年3月期］
• Mister Men Limited.およびその100％子会社2社の取得事例

	取得原価	0百万円
	のれん	463百万円（償却期間 10年）
	著作権及び商標権	2,847百万円（償却期間 20年）

（出所：株式会社サンリオ 平成24年3月期有価証券報告書より）

(4)　技術関連の無形資産

　技術関連の無形資産としては，「仕掛研究開発」や「ソフトウェア」，「ノウハウ」，「特許権」等が該当した。償却期間は，図表7−15で示したとおりの結果となり，償却期間を利用可能期間として開示しているケースが多く見受けられた。資産別の償却期間としては，「ソフトウェア」については通常の資産と同様に1−5年に設定するケースが多く，「仕掛研究開発」については利用可能

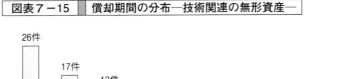

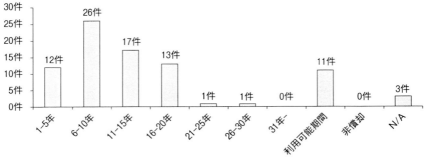

期間として開示しているケースが多く存在した。

産業別では，医薬品や化学の業界で認識される事例が多く，開発パイプラインの強化や，被取得企業の技術力獲得により，「技術関連資産」や「仕掛研究開発」が認識されている。

「仕掛研究開発」が認識された事例としては，田辺三菱製薬株式会社によるMedicago Inc.の取得事例や，大日本住友製薬株式会社によるボストン・バイオメディカル・インクとエレベーション・ファーマシューティカルズ・インクの取得事例が該当した。いずれの事例も開発パイプラインの強化が目的とされており，取得原価以上に仕掛研究開発として無形資産が計上されている。

第7章　事例分析　255

田辺三菱製薬株式会社　［平成26年3月期］

• Medicago Inc.の取得事例
　取得原価　　　　　　20,882百万円

　のれん　　　　　　　 7,029百万円（償却期間 15年）
　仕掛研究開発費　　29,797百万円（償却期間 利用可能期間）

大日本住友製薬株式会社　［平成25年3月期］

• ボストン・バイオメディカル・インクの取得事例
　取得原価　　　　　　17,270百万円

　のれん　　　　　　　　142百万円（償却期間 20年）
　仕掛研究開発　　　28,483百万円（償却期間 利用可能期間）

• エレベーション・ファーマシューティカルズ・インクの取得事例
　取得原価　　　　　　 7,866百万円

　のれん　　　　　　　3,332百万円（償却期間 20年）
　仕掛研究開発　　　18,415百万円（償却期間 利用可能期間）

（出所：田辺三菱製薬株式会社 平成26年3月期有価証券報告書，大日本住友製薬株式会社 平成25年3月期有価証券報告書より）

【監修・執筆者紹介】

新日本有限責任監査法人

飯田　傑

門田　功

小西　勲

椎名　厚仁

天野　翔太

EYトランザクション・アドバイザリー・サービス株式会社

大岡　考亨

谷山　邦彦

落合　健文

平井　清司

阿部　哲也

西村　陽慈

水野　恭行

松原　二朗（退職）

寺島　正祥（退職）

【編者紹介】

EY ｜ Assurance ｜ Tax ｜ Transactions ｜ Advisory

新日本有限責任監査法人について
新日本有限責任監査法人は，EYの日本におけるメンバーファームです。監査及び保証業務をはじめ，各種財務アドバイザリーサービスを提供しています。詳しくは，www.shinnihon.or.jpをご覧ください。

EYトランザクション・アドバイザリー・サービス株式会社について
EYトランザクション・アドバイザリー・サービス株式会社は，財務アドバイザリー業務およびトランザクション関連の各種サービスを提供するプロフェッショナルファームです。グローバルネットワークを駆使し，M&A戦略の策定から実施支援，ならびにトランザクションの完了・効果の実現までのトータルサポート，また，人事・組織改革支援，事業再構築支援等，幅広いサービスを提供しています。詳しくは，www.eytas.co.jpをご覧ください。

EYについて
EYは，アシュアランス，税務，トランザクションおよびアドバイザリーなどの分野における世界的なリーダーです。私たちの深い洞察と高品質なサービスは，世界中の資本市場や経済活動に信頼をもたらします。私たちはさまざまなステークホルダーの期待に応えるチームを率いるリーダーを生み出していきます。そうすることで，構成員，クライアント，そして地域社会のために，より良い社会の構築に貢献します。

EYとは，アーンスト・アンド・ヤング・グローバル・リミテッドのグローバル・ネットワークであり，単体，もしくは複数のメンバーファームを指し，各メンバーファームは法的に独立した組織です。アーンスト・アンド・ヤング・グローバル・リミテッドは，英国の保証有限責任会社であり，顧客サービスは提供していません。詳しくは，ey.comをご覧ください。

EY Japanについて
EY Japanは，EYの日本におけるメンバーファームの総称です。新日本有限責任監査法人，EY税理士法人，EYトランザクション・アドバイザリー・サービス株式会社，EYアドバイザリー株式会社などの13法人から構成されており，各メンバーファームは法的に独立した法人です。詳しくはeyjapan.jpをご覧ください。

本書は一般的な参考情報の提供のみを目的に作成されており，会計，税務およびその他の専門的なアドバイスを行うものではありません。新日本有限責任監査法人および他のEYメンバーファームは，皆様が本書を利用したことにより被ったいかなる損害についても，一切の責任を負いません。具体的なアドバイスが必要な場合は，個別に専門家にご相談ください。

M&AにおけるPPA（取得原価配分）の実務

2016年7月20日　第1版第1刷発行	
2022年7月30日　第1版第18刷発行	

編　者　　Ｅ　Ｙ　Ｊ　ａｐａｎ

発行者　　山　本　　　　継

発行所　　㈱中　央　経　済　社

発売元　　㈱中央経済グループ
　　　　　　パブリッシング

〒101-0051　東京都千代田区神田神保町1-31-2
電　話　03（3293）3371（編集代表）
　　　　　03（3293）3381（営業代表）
https://www.chuokeizai.co.jp

© 2016 Ernst & Young ShinNihon LLC.
All Rights Reserved.

印刷／㈱堀内印刷所
製本／誠　製　本　㈱

※頁の「欠落」や「順序違い」などがありましたらお取り替えいたしますので発売元までご
　送付ください。（送料小社負担）

ISBN978-4-502-19261-6　C3034

JCOPY〈出版者著作権管理機構委託出版物〉本書を無断で複写複製（コピー）することは，
著作権法上の例外を除き，禁じられています。本書をコピーされる場合は事前に出版者著作権
管理機構（JCOPY）の許諾を受けてください。
　JCOPY〈https://www.jcopy.or.jp　eメール：info@jcopy.or.jp〉

一目でわかるビジュアルガイド

図解でざっくり会計シリーズ　全8巻

新日本有限責任監査法人 ［編］

各巻1,900円＋税

本シリーズの特徴
- ■ シリーズキャラクター「ざっくり君」がやさしくナビゲート
- ■ コンセプトは「図とイラストで理解できる」
- ■ 原則，1テーマ見開き
- ■ 専門用語はできるだけ使わずに解説
- ■ 重要用語はKeywordとして解説
- ■ 「ちょっと難しい」プラスαな内容はOnemoreとして解説

1 税効果会計のしくみ

5つのステップでわかりやすく解説。連結納税制度や組織再編，資産除去債務など，税効果に関係する特殊論点についてもひと通り網羅。

2 退職給付会計のしくみ

特有の用語をまとめた用語集付き。改正退職給付会計基準もフォロー。

3 金融商品会計のしくみ

ますます複雑になる重要分野を「金融資産」，「金融負債」，「デリバティブ取引」に分けて解説。

4 減損会計のしくみ

減損会計の概念を携帯電話会社を例にしたケーススタディ方式でやさしく解説。

5 連結会計のしくみ

のれん・非支配株主持分・持分法などの用語アレルギーを感じさせないように，連結決算の基礎をやさしく解説。

6 キャッシュ・フロー計算書のしくみ

どこからお金が入り，何に使ったのか，「会社版お小遣い帳」ともいえる計算書のしくみを解説。

7 組織再編会計のしくみ

各章のはじめに組織再編の全体像を明示しながら解説。組織再編の類型や適用される会計基準，さらに各手法の比較まで言及。

8 リース会計のしくみ

リース取引のしくみや，資産計上するときの金額の算定方法等，わかりやすく解説。特有の用語集付。

■ 中央経済社 ■